王维诗传

坐看云起时

江城子 著

长江出版传媒　长江文艺出版社

图书在版编目（ＣＩＰ）数据

　　王维诗传：坐看云起时 / 江城子著. -- 武汉：长江文艺出版社，2019.7
　　（浪漫古典行. 人物卷）
　　ISBN 978-7-5702-0969-9

　　Ⅰ. ①王… Ⅱ. ①江… Ⅲ. ①王维（699-759）—传记 Ⅳ. ①K825.6

中国版本图书馆 CIP 数据核字(2019)第 069253 号

| 责任编辑：张远林 | 责任校对：毛 娟 |
| 封面设计：周 佳 | 责任印制：邱 莉 杨 帆 |

出版：长江出版传媒 长江文艺出版社
地址：武汉市雄楚大街 268 号　　邮编：430070
发行：长江文艺出版社
http://www.cjlap.com
印刷：湖北恒泰印务有限公司

开本：640 毫米×970 毫米　　1/16　　印张：14.25　　插页：1 页
版次：2019 年 7 月第 1 版　　　　　　2019 年 7 月第 1 次印刷
字数：165 千字

定价：32.00 元

版权所有，盗版必究（举报电话：027—87679308　87679310）
（图书出现印装问题，本社负责调换）

目录

一 少年行

004 独在异乡为异客

007 维摩居士是前身

010 公主独爱《郁轮袍》

021 雏鹰展翅恨天低

023 盛宴诗成惊四座

二 前路白云外

035 诗即真

039 出长安

044 济州土

052 爱与恨

056 隐淇上

065 入蜀游

三 宦游与学禅

072　献诗张九龄
077　出使河西幕
088　哭祭孟浩然
095　知南选之行
098　问道临湍驿

四 辋川集

108　谁发现辋川
111　上下华子冈
118　浣纱明月下
124　寂寞辛夷坞
129　世间无此诗

五 王维的朋友圈

- 134 雪夜想你了
- 137 知君旧时好
- 142 日本人晁衡
- 148 裴迪又醉了
- 153 早岁同袍者
- 159 红豆生南国

六 命运不可问

- 170 哀此孤生
- 172 安史之乱
- 174 《凝碧池》诗
- 179 奉佛饭僧
- 182 施庄为寺

七 山水禅境

184　天下文宗
189　禅的新质素
194　山水有清音
202　坐看云起时
208　渔歌入浦深

八 含章之人其词大

215　春天诗人
218　纯净诗人
221　自在诗人

一 少年行

开元三年（715），15岁的王维从家乡蒲州，只身到长安闯天下。

开元九年（721），21岁的王维进士及第，不久即授为太乐丞。

他用了六年的时间，完成了华丽的蜕变，抢占了人生的第一个制高点。在大唐"三十老明经，五十少进士"的残酷现实下，王维21岁便完成了无数士子终其一生也不能完成的梦想。

他是命运的宠儿，也是真正的天才。

命由天定。

王维出生在帝国最有权势的两大家族中——太原王氏和博陵崔氏，在盛唐重要的诗人中，王维的家庭背景是最好的。

一代只能出一个富人，三代才能成就一个贵族。

贵族不止是富有，更需要良好的教养、高贵的气质与优雅的举止。这些形之于外的东西，王维应该都不欠缺。

贵族，更是一种融入血液当中的优越的精神气质，这些在王维徐徐展开的生命长卷中，将会一一呈现。

运由自造。

在六年的时间里，这个满身英气的少年，用他的惊世之才，折服了"诸王豪右贵势"，"宁王、薛王待之如师友"。

他有超人的诗画才艺。

写于15岁时、去长安途中的《过秦皇墓》，虽稍显稚嫩，却透出严整的格律和深沉的荣名之叹。

写于16岁左右的《少年行》，当得起少年人的行状——"意气"二字。

写于17岁的《九月九日忆山东兄弟》，一不小心触及人类情感中最隐秘而温润的情愫，流传千古。

写于18岁的《洛阳女儿行》，充满了"哀而不伤"的不遇之感。

写于19岁的《李陵咏》，一反前人成说，见出少年王维的血气与真性情。

写于19岁的《桃源行》，在桃花源中寄寓了深厚的美政理想，堪称华彩。

19岁的王维，以应试诗《赋得清如玉壶冰》，轻取京兆府试第一名。哪怕是带着镣铐跳舞，他依然跳得优雅从容。

他更有惊人的音乐天赋。

传说，他以一曲《郁轮袍》，征服了玉真公主。

出入岐山府中，他就是那"曲有误，周郎顾"的周公瑾再世。

他的好运，源于他的惊世之才，也源于他的个性。

他是儒雅的。杜甫说李白"飞扬跋扈"，却说王维是"高人"。

他是温润的。谦谦君子，湿润如玉。这种冲淡和穆之气，像一个巨大的磁场，吸引着周围的人。

这个少年，从一出场，便带有天然的贵气和异于常人的老成。

独在异乡为异客

公元八世纪初叶,唐帝国到处生气蓬勃,大地在呼吸,热情在生长,空气中弥漫着自由,一个最好的时代到来了!

此刻,虽有秋风吹过,长安城依旧难掩它夺目的繁华风流。

在熙熙攘攘的人群中,一个瘦弱的年轻人大踏步地穿过街道,来到城楼上。

年轻人没有鲜衣怒马,也没有同伴。他敞开衣襟,迎着风,向东边望去。许久,他的眼角流下泪来。

今天是重阳节,他想家了。

他是谁?他的家在哪儿?他为什么要来长安?

让我们暂且抛开这一切疑问,先来读一下这个十七岁少年写的诗。

> 独在异乡为异客,每逢佳节倍思亲。
> 遥知兄弟登高处,遍插茱萸少一人。
>
> ——《九月九日忆山东兄弟》

你是不是被惊呆了？这首诗是不是写得太牛了？牛在哪里？牛就牛在它揭示了整个人类的普遍情感。

我们常常会被抛到某个陌生的环境中，被抛到孤独之中。

此时，我们会想尽一切办法寻找我们熟悉的东西——回忆过去、思念亲人、想念故乡等等。这种情感在平日自然也是存在的，但不会如此强烈地表现出来。

但它一旦遇到某种触媒——最常见的是"佳节"，就很容易爆发出来。

节日有它特殊的意义，它把所有人联系起来，有时也把天地万物、风土人情与每个人联系起来，并且以一种特别的方式把许多共同的美好回忆根植于我们的记忆之中。

少年说："每逢佳节倍思亲。"我想，他是说出了我们每个人都会有的一种自然而然的情感，这种情感依附于我们从小就非常熟悉并且日复一日地不断强化着的文化模式。这句诗也因这种朴实无华而又深刻有力的揭示成为千古名句。

作为一个整体，这首诗前两句直接出现警句，形成高潮，后两句则采取"反客为主"的设想式写法，从另一个侧面深刻触及了人类情感的秘密，从而使整首诗成为完璧。

此刻，这个十七岁的少年就站在城楼上，心里想着今天是重阳节，远在蒲州的兄弟们是不是正兴高采烈地佩上茱萸，在爬山登高呢？他们此刻会不会想念我呢？就像我想念他们一样？

人的感情，一定得有一个投射对象。如果这个对象对你投射出去的感情作出了回应，双方得以沟通、交流、共鸣，这份感情才变得完整，你也才会在这份感情中得到慰藉。

我想，这个十七岁的少年一定对此深有理解。所以，他呈现给我们的是一

份完整的、美好的、深厚的、朴素的人之常情。

他就是王维,盛唐时代的第一颗太阳,诗歌的太阳。

维摩居士是前身

王维是蒲州人（今山西永济一带）。按地理位置来说，蒲州在长安东边，所以这首诗里的"山东"是指华山以东。

王维为什么要来长安？用时髦的话说，是追求理想，考进士。因为他有高贵的血统，和一颗不安分的心。

隋唐时代是身份制的社会，世家大族在社会上享有崇高的威望和地位。在所有尊贵的世家大族中有五支最为尊贵。即博陵崔氏（今河北安平县、饶阳、安国等地）、清河崔氏（今河北清河县）、范阳卢氏（今保定市和北京市一带）、陇西李氏（今甘肃省东南部）、赵郡李氏（今河北赵县）、荥阳郑氏（今河南省）、太原王氏。其中李氏与崔氏各有两个郡望。所以称之为五姓七望，或五姓七家。

王维的祖籍如果往上追溯，是太原王氏。他的母亲则是博陵崔氏一脉。这样尊贵的血统，你能叫他没有好的教养？你能叫他成天斗鸡走狗、不求上进？

王维的父亲王处廉做过汾州司马，但其生平事迹我们今天一点也不知道了。大约在王维幼年时，王处廉即已去世，以致王维在他浩瀚的诗文中从未提

及其父。

王维的母亲崔氏很伟大！她是含着金汤匙出生的，因此，在我的想象里，她应该是一个富有艺术才情的女子。她不仅养育了王维兄妹6人，而且给予了王维、王缙兄弟最初的艺术启蒙。

根据遗留下来的记载，大约在王维九岁以前，崔氏就拜普寂为师，开始修习佛法了。崔氏的笃志奉佛，对王维无疑是有深刻影响的。这在王维的整个诗歌创作和绘画实践中都可以看出来，最明显的是王维名字的由来。

我们都知道王维字摩诘，号摩诘居士。这个表字很有意思。

一般而言，男子二十岁时，他的家族要给他举行一次冠礼，并为他取一个表字，用来在社会上与别人交往时使用。

因此，古人在成年以后，名只供长辈和自己称呼，自称其名表示谦逊，而字才是用来供社会上的人称呼的。

我怀疑王维的表字就是他的母亲给取的，因为王维成年时他的父亲已经去世很久了，而他的母亲笃志奉佛也已经很久了。

王维的字取自《维摩诘经》。《维摩诘经》是大乘佛教的重要经典，这部佛经通过渲染金粟如来维摩诘不可思议的神通力，为我们塑造了一个智慧通达、辩才无碍的居士形象。

更重要的是，维摩诘的修行境界和居家修禅的生活方式使唐代士人心向往之，维摩诘由此走出宗教领域，成为唐代士人新的人格范式。从王维、李白、白居易直到苏轼、黄庭坚、陆游等人，他们心中都有一个维摩诘居士作为偶像，维摩诘精神也由此成为中国传统文化中居士文化的核心内涵。

那么，维摩诘究竟是怎样一个人物呢？他是古印度毗耶离大城中的长者、

居士,他智慧通达、神通广大,且在现实中资财无量、奴婢成群。最为难得的是,他将日常生活与宗教修行相结合,为宣扬佛教智慧而打破了宗教戒律,是佛教中将宗教思想融入日常生活的典型人物。这个人物的典型意义是,他使中国士人在宗教层面上不脱离现实而追求终极真理成为可能,使他们在日常生活中安顿心灵成为可能。

李白《答湖州迦叶司马问白是何人》:"青莲居士谪仙人,酒肆藏名三十春。湖州司马何须问,金粟如来是后身。"你看,李白竟然如此骄傲地自称是金粟如来维摩诘的后身。

王维在《偶然作六首》中也说:"老来懒赋诗,惟有老相随。宿世谬词客,前身应画师。不能舍余习,偶被世人知。名字本皆是,此心还不知。"在这首诗里,王维极力强调自己的名字,就是强调维摩诘对于他自己的意义。

我不知道王维奉维摩诘为楷模是他内心的向往,还是他母亲的期望,抑或是唐朝社会的风尚?或许三者兼而有之吧。

王维早熟的艺术天才和不安分的性格从他呱呱坠地的那一刻起似乎就注定了。然而,他所受的艺术熏陶却是赋予了他血脉的两个家族共同完成的,具体的情形我没法做过多的附会,只能语焉不详地提及一下王维的爷爷王胄。他是个大音乐家,曾做过协律郎,是掌管朝廷音乐的首席专家。

公主独爱《郁轮袍》

王维是 15 岁离开家乡来到长安的,和他同行的还有他的弟弟王缙。兄弟俩是到长安求学的,也可以说是到长安拼前程的。长安够大,安放得下他们的抱负和才华。

兄弟俩从山西永济出发,一路向东而行,直奔长安。当他们经过骊山时,眼前的秦始皇墓使他们陷入了沉思。

王维看见,眼前这座雄伟的秦始皇墓,历经九百年时光,已经长成林木森森的山岭。

于是他想,这地下的墓室应该跟秦始皇生前居住的宫殿没有什么两样吧?

那高敞的穹顶,一定跟深邃的天空一样,散布着日月星辰。而在那地宫下面,则流淌着冥河。

然而,幽冥的世界毕竟是另一个世界。即使有冥河,却不见有人渡河归来。春天的阳光也不会照临,所以也不会有大雁飞回。

此刻,王维坐下来静静地听着墓前的松涛声,想到秦始皇当年东封泰山,避雨于松下,于是封其为"五大夫松"。现在,秦始皇已经永远地长眠于地

下,难道这些曾经护卫过他的松树还在为他发出叹息吗?

这就是《过秦皇墓》。

> 古墓成苍岭,幽宫象紫台。
> 星辰七曜隔,河汉九泉开。
> 有海人宁渡?无春雁不回。
> 更闻松韵切,疑是大夫哀。

因是少作,诗写得尚显稚嫩,但语言的洗练和音调的和谐倒是早早地透露出诗人的天分来。

在骊山凭吊了秦始皇墓之后,王维按捺不住内心的激动,奔向了长安。

此后五六年间,王维王缙兄弟都在长安游学,偶尔也到东都洛阳去。

此间情形从官方史书的记载中可以略知一二:"维以诗名盛于开元、天宝间,昆仲宦游两都,凡诸王驸马豪右贵势之门,无不拂席迎之,宁王、薛王待之如师友。"

王维兄弟自从来到长安,很快就以自己的才华为上层社交圈所赏识,这是多么难得的际遇!

唐人薛用弱著有一本传奇小说,流传很广。其中有一篇记王维的奇闻逸事,情节跌宕起伏,相当引人入胜。

唐玄宗的弟弟岐王李范是王维的粉丝,对王维的音乐和诗歌天赋佩服得五体投地。

当时有个猛人叫张九皋,正受唐玄宗的妹妹玉真公主的青睐。女人捧起角儿来那真是要命。

玉真公主打定了主意，准备写个条子给京兆府的主考官，让张九皋做解元、当冠军。

恰好王维也要参加考试，他有点担心考不上，就把这事跟岐王说了。

岐王有些为难，想了想说："公主爱面子，我不能跟她争。这样吧，你从自己的诗文中挑出10篇最好的来，用工楷誊录在卷轴上。然后再作一首琵琶曲，练熟了，五天后到我这里来。"

五天后，王维如约而来。岐王说："现在你得听我的，先去把那套锦绣华服穿上。"王维说："好。"

岐王带上琵琶，拉着王维，直奔玉真公主宅第。

兄妹俩相见甚欢，王维小心翼翼地站在岐王旁边，玉树临风似的。公主看见了，问："这是什么人？"岐王故作神秘地说："知音者也。"

公主笑了："那就让他随便弹点什么吧。"

岐王对王维使个眼色，王维心领神会。

一曲弹罢，在座宾客无不为之动容。

公主问道："这是什么曲子，我怎么从没听过？"王维恭敬地答道："是我刚作的《郁轮袍》。"

岐王这时在旁边说了一句："这个人不止通晓音律，他写的诗词恐怕也是无人能出其右。"

公主惊诧地问："文章带来了吗？"王维赶忙从怀中拿出卷轴献上，写的依次是《九月九日忆山东兄弟》《洛阳女儿行》《西施咏》《李陵咏》《桃源行》《燕支行》以及《少年行》四首。

公主展卷读之，喃喃道："以前我读到这些杰作，恨不能与古人相见，原来是你写的啊！"

岐王趁着这个机会，对公主说："如果京兆府今年得到这个人做解元，一

定会成为国家的光荣。"

"为什么不让他去试试?"

"听说公主已经推荐张九皋了。"

公主笑着说:"谁说的,受人所托罢了。"

又回头对王维说:"难道你想当解元?"

王维再拜曰:"是!"

唐制,读书人要参加进士考试,首先要过府州这一关,考试合格后,由府州推荐给尚书省,才能到长安参加吏部举行的考试。"槐花黄,举子忙。"说的就是参加府州考试,府州考试的第一名称为解元。吏部的考试一般在正月举行,府州的考试则在前一年的七月举行。

719 年 7 月,王维到京兆府参加考试,如愿以偿高中解元。

第二年,王维一鼓作气参加吏部考试,却意外地落第了。

再过一年,王维第二次参加吏部考试,擢进士第。

这时他才 21 岁。

天才的确不同凡响。但还有另一类天才,老天爷偏偏不让他们顺风顺水。

比如李白和杜甫,还有孟浩然,这些牛人终其一生也没能考上进士。

李白根本就没有去考,这是不屑。杜甫是没有考上,这是不幸。

孟浩然先生四十岁了才去长安考进士。一则野史说,王维私自将孟浩然带进官署。这时恰好唐玄宗进来了,孟浩然躲避不及。唐玄宗说:"我久闻孟浩然其名,实想一见,为什么要藏起来呢?"唐玄宗问他最近作了什么诗?孟浩然不假思索地念道:"北阙休上书,南山归敝庐。不才明主弃,多病故人疏……"唐玄宗听不下去了:"是你自己不想当官,我哪里容不下你了,为什么要怪我?"

这个榆木脑袋。

但就诗歌而言,李白是天才,杜甫是天才,孟浩然也是。

在我看来,中国从古至今最有才华的人,庄周算一个,屈原算一个,司马迁算一个,李白算一个,杜甫算一个,韩愈算一个,苏轼算一个,曹雪芹算一个,统共加起来,不足两掌之数。

王维献给玉真公主的10篇诗实际上是他的第一个自选集,这些诗是他十七岁至二十一岁时的作品,反映了他在这一时期的行为和思考。

《九月九日忆山东兄弟》开篇即已讲过,我们接下来看《洛阳女儿行》。

洛阳女儿对门居,才可颜容十五余。
良人玉勒乘骢马,侍女金盘脍鲤鱼。
画阁朱楼尽相望,红桃绿柳垂檐向。
罗帷送上七香车,宝扇迎归九华帐。
狂夫富贵在青春,意气骄奢剧季伦。
自怜碧玉亲教舞,不惜珊瑚持与人。
春窗曙灭九微火,九微片片飞花琐。
戏罢曾无理曲时,妆成只是熏香坐。
城中相识尽繁华,日夜经过赵李家。
谁怜越女颜如玉,贫贱江头自浣纱。

行是歌行,也可以认为是自拟题目的新乐府。

这首诗明显受到梁武帝萧衍《河中之水歌》的启发,不过王维站在前人的肩膀上又有所发展。

"河中之水向东流,洛阳女儿名莫愁。莫愁十三能织绮,十四采桑南陌头,十五嫁为卢家妇,十六生儿字阿侯……"

王维直接从洛阳女儿出嫁写起。洛阳女儿十五岁了,迎娶的人骑着高头大马来了。夫家画阁朱楼桃红柳绿,早摆下了丰盛的宴席。这边刚把女儿送上披着罗帷的七香车,那边就用打着宝扇的仪仗把她迎进了悬挂着九华帐的新房。

小夫妻婚后生活是幸福的,充满了青春、骄奢和肆意的寻欢作乐。

拿来作比较的是西晋豪富石崇。王恺与石崇斗富,晋武帝助王恺,赠给他一株世上罕见的两尺多高的珊瑚树。王恺在石崇面前显摆,石崇气不过,拿起铁如意把它打碎了。王恺正要发作,石崇说:"这有什么,我还你。"于是令人搬来六七株高三四尺的珊瑚树。王恺见了,惘然若失。

出人意料的是,诗的最后两句突然摄入了一个贫贱越女在江边独自浣纱的镜头。这个越女应该是有稀世之美的,但她的命运为何竟是这样不堪?

"谁怜越女颜如玉",年少的王维此刻尚未登第,诗人的自尊和敏感使他对这世道的不公感到愤懑。所以在隐隐约约地艳羡之外,他要狠狠地吐槽一下。

我喜读《西施咏》,尤其喜读"君宠益娇态,君怜无是非"两句。

艳色天下重,西施宁久微?
朝为越溪女,暮作吴宫妃。
贱日岂殊众,贵来方悟稀。
邀人傅脂粉,不自着罗衣。
君宠益娇态,君怜无是非。
当时浣纱伴,莫得同车归。

持谢邻家子，效颦安可希！

西施的故事人人皆能言之，核心的意旨大致是这样：春秋末年，越王勾践为吴王夫差所败，几乎亡国。勾践知道夫差好色，于是在越国境内的会稽苎萝村找到一个浣纱女——中国古代四大美女之首的西施，献给夫差。夫差得到西施后，百般宠爱，渐渐荒废了朝政，终为越国所灭。吴国灭亡后，西施与范蠡泛舟五湖，不知所终。

读这首诗，使我们感觉到，诗人仿佛站在所有人之上，俯瞰着这一切。"贱日岂殊众，贵来方悟稀"二句写世人的势利，简直如画。"邀人傅脂粉，不自着罗衣。君宠益娇态，君怜无是非。当时浣纱伴，莫得同车归"六句，描写西施入宫后的骄奢生活、娇媚之态以及对昔日浣纱女伴的怠慢，把一个人亡失本性的得意之状写得如见其人、如闻其声。

杜甫《佳人》诗云："在山泉水清，出山泉水浊。"王维也认为，西施地位的偶然改变导致了其性情的变化、人格的扭曲，并不值得羡慕。这点意思是别人没有说过的。

不知是什么原因，王维在这一时期对于李陵的命运也有深刻的思考和同情。

汉家李将军，三代将门子。
结发有奇策，少年成壮士。
长驱塞上儿，深入单于垒。
旌旗列相向，箫鼓悲何已！
日暮沙漠陲，战声烟尘里。

将令骄虏灭，岂独名王侍？
既失大军援，遂婴穹庐耻。
少小蒙汉恩，何堪坐思此！
深衷欲有报，投躯未能死。
引领望子卿，非君谁相理？

——《李陵咏》

  李陵和他的祖父李广，是西汉时代两个著名的悲剧性人物。他们的命运曾引起诗人们无限的同情和浩叹，王维也是其中之一。

  你看他在诗中叙述李陵的身世是多么富于感情，从第一句话"汉家李将军"到"岂独名王侍"，每一个字都在赞美李陵的勇敢、才能、志向和所历战斗的艰苦卓绝，以及李陵对于汉家的忠诚。

  王维显然是相信李陵投降只是无奈之举、权宜之计，他的本意是想着日后伺机报答汉恩的。

  但这又有什么用呢？历史是那么冰冷。何况还有一个啮雪吞毡、牧羊北海十九年、誓死不降匈奴的英雄苏武，是那样坚定地诉说着对于汉朝的忠诚。

  李陵战败被俘的消息传到汉廷，汉武帝就把李陵的妻子和全家老小杀了。李陵百口莫辩，就连为他辩解的司马迁也受了宫刑。这就等于永远地不可逆转地宣判了他的"死刑"——你就背着这副沉重的十字架吧。

  但在诗中，诗人还是写出了他的善良愿望。他认为李陵是希望苏武先生返回汉朝后，能把自己的真心向汉家剖白，从而获得祖国的谅解。

  但是，绝对的道德，是不讲是非曲直的。何况这涉及爱国主义和忠诚？

  我们只能说，李陵事件中的每个人，包括李陵、匈奴单于、汉武帝、司马迁、苏武等人，每个当事人所采取的行动，都有其必须如此的理由，都是历史本身血淋淋的真实。而这就是战争！这就是政治！

长安求学期间，王维显然是曾熟读过历史的，同时又积极地关注着现实政治，但是在他的心中，他却有着另外的向往。

> 渔舟逐水爱山春，两岸桃花夹去津。
> 坐看红树不知远，行尽青溪不见人。
> 山口潜行始隈隩，山开旷望旋平陆。
> 遥看一处攒云树，近入千家散花竹。
> 樵客初传汉姓名，居人未改秦衣服。
> 居人共住武陵源，还从物外起田园。
> 月明松下房栊静，日出云中鸡犬喧。
> 惊闻俗客争来集，竞引还家问都邑。
> 平明闾巷扫花开，薄暮渔樵乘水入。
> 初因避地去人间，及至成仙遂不还。
> 峡里谁知有人事，世中遥望空云山。
> 不疑灵境难闻见，尘心未尽思乡县。
> 出洞无论隔山水，辞家终拟长游衍。
> 自谓经过旧不迷，安知峰壑今来变。
> 当时只记入山深，青溪几度到云林。
> 春来遍是桃花水，不辨仙源何处寻。
>
> ——《桃源行》

《桃源行》是诗歌版的《桃花源记》。

文学批评家王士祯说:"唐宋以来作桃源行最传者,王摩诘、韩退之、王介甫三篇,观退之、介甫二诗,笔力意思甚可喜,及读摩诘诗,多少自在。"

读王维《桃源行》,的确是"多少自在"!你读那句"春来遍是桃花水",真是美极了!全篇似乎毫不用力,但却工整流丽,质朴可喜,一字一句都那么富有诗意!

大概,这种富有美丽精神的诗篇,就是我们理想中的诗篇;这种富有诗性精神的生活,就是我们理想中的生活。

我们说王维积极地关注着现实社会是有所指的,向往投笔从戎,向往立功沙场应该就是当时社会普遍的思潮。《燕支行》反映了这一点。

汉家天将才且雄,来时谒帝明光宫。
万乘亲推双阙下,千官出饯五陵东。
誓辞甲第金门里,身作长城玉塞中。
卫霍才堪一骑将,朝廷不数贰师功。
赵魏燕韩多劲卒,关西侠少何咆勃。
报仇只是闻尝胆,饮酒不曾妨刮骨。
画戟雕戈白日寒,连旗大旆黄尘没。
叠鼓遥翻瀚海波,鸣笳乱动天山月。
麒麟锦带佩吴钩,飒沓青骊跃紫骝。
拔剑已断天骄臂,归鞍共饮月支头。
汉兵大呼一当百,虏骑相看哭且愁。
教战虽令赴汤火,终知上将先伐谋。

燕支即焉支山，也作胭脂山，位于甘肃省永昌县西。焉支山是祁连山的一条支脉，水草丰美，适宜放牧。西汉时代，骠骑将军霍去病曾率军出陇西，越过焉支山千余里，大败匈奴。匈奴有歌云："亡我祁连山，使我六畜不蕃息；失我焉支山，使我妇女无颜色。"

"誓辞甲第金门里，身作长城玉塞中。"这两句雄壮的诗，是全诗的诗眼、灵魂，是盛唐气象和时人昂扬奋发精神的深刻表现。

汉武帝为霍去病建造了最豪华的宅第，霍去病坚辞不受，说："匈奴未灭，何以家为！"这就是"誓辞甲第金门里"。

我们伟大的国歌中唱道："把我们的血肉，筑成我们新的长城！"这就是"身作长城玉塞中"了。汉家天将就得是这样的！

令人奇怪的是，整首诗前面23句都在夸赞汉家天将的勇武、强悍，偏偏最后冒出"终知上将先伐谋"这么一句来。

是曲终奏雅，还是另有深意？

从全诗看，作者心目中的理想人物是卫青、霍去病那样胸怀壮志、雄才大略的军事家，是为报仇雪耻敢于卧薪尝胆、刮骨疗毒的硬汉，是能够号召各路英雄豪杰、指挥千军万马的杰出统帅。正是因为有了他们，边疆才能安宁，战略家的"伐谋"才能实现。

事实上，无论哪个时代，无论哪个国家，除非你有枪，除非你够硬，否则，仅仅依靠那些纵横捭阖之术，结局永远只能是失败。

雏鹰展翅恨天低

献给玉真公主的那个集子的压卷之作是《少年行四首》。

一

新丰美酒斗十千,咸阳游侠多少年。
相逢意气为君饮,系马高楼垂柳边。

二

出身仕汉羽林郎,初随骠骑战渔阳。
孰知不向边庭苦,纵死犹闻侠骨香。

三

一身能擘两雕弧,虏骑千重只似无。
偏坐金鞍调白羽,纷纷射杀五单于。

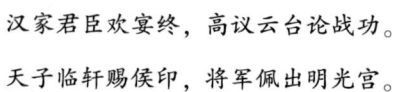

四

汉家君臣欢宴终,高议云台论战功。

天子临轩赐侯印,将军佩出明光宫。

这是一组英雄侠士的赞歌,每首诗都充满少年精神。

第一首写豪饮,第二首写出征,第三首写杀敌,第四首写受赏,表现的是同一个主题:到边疆去,在战斗中建功立业。

黄生说:"意气二字,是少年人行状。"少年最喜欢交朋友,豪饮但为意气,但为邂逅一个意气相投的你。这就是少年了。

少年被长辈无数遍告知,去边庭那得受多少苦?但是少年想的是,即便死在边庭,还可以流芳百世,岂不壮哉?这就是少年了。

少年坐在金鞍白马上,面对敌骑千重,拈弓搭箭,匈奴应声倒下。这就是少年了。

少年勇敢杀敌,天子亲临金銮殿论功行赏,少年得意地佩上金印,走出明光宫。这就是少年了。

尽管生活并不都是欢乐,青春也会有悲哀,但是,在少年人的眼里,那悲哀是鲜花丛中的歌哭、是转瞬即逝的悲欢、是雏鹰展翅恨天低的自由。

盛宴诗成惊四座

王维王缙兄弟俩在长安求学的一个重要内容就是结交王侯。玉真公主、岐王、宁王、薛王等都曾为王维兄弟的才华所倾倒，待之若上宾。这一时期，王维王缙兄弟俩涉世未深，青春涌动，从未厌倦过这种交游。

交游的时间大约是在王维解褐为官之前。这个时候，王维年方弱冠，初出茅庐，迫切需要在上层寻求奥援，以便跻身官场。而唐玄宗为了防止诸王结交党羽，曾严令诸王不得与群臣交接。但是诸王与一帮文学青年搞搞沙龙、喝喝酒是没有多大关系的，王维与诸王的交游，大致属于这一类。

《从岐王过杨氏别业应教》《敕借岐王九成宫避暑应教》二诗记录了当时宴游的盛况，并且二诗本身也很有读头。

杨子谈经所，淮王载酒过。
兴阑啼鸟换，坐久落花多。
径转回银烛，林开散玉珂。

严城时未启,前路拥笙歌。

——《从岐王过杨氏别业应教》

帝子远辞丹凤阙,天书遥借翠微宫。

隔窗云雾生衣上,卷幔山泉入镜中。

林下水声喧语笑,岩间树色隐房栊。

仙家未必能胜此,何事吹笙向碧空?

——《敕借岐王九成宫避暑应教》

古时人臣奉命和诗,如果是和天子,称应制;和太子,称应令;和诸王,称应教。

王维是个可人,他写的应制诗、应教诗没有一字不雍容不得体的,没有一字不玲珑不诗意的。人家就是有才,你能怎么着!

李白写《清平调》三首,"云想衣裳花想容"云云,那也是语语秾艳,字字葩流,那格调、那等级,也是无人能及了,怪不得高力士要为他磨墨、脱靴,怪不得李白要高叫"仰天大笑出门去,我辈岂是蓬蒿人"。天纵之才,世人何以牢笼之?

你看王维以一代文豪扬雄比喻杨氏,以爱好学术的淮南王刘安比喻岐王,不是很恰切吗?

你看王维不直写杨氏别业的景色如何如何,而是说大家饱看不厌、乐而忘返,以至于树上啼鸟变换了几茬,地上落叶覆盖了几层。这样写,不是更加余味无穷吗?

你看王维写大家兴阑夜归,不忘补写一笔通过曲径,穿过树林,一路银烛通明、笙歌簇拥的情景,岂不是更加衬托出杨氏别业的山林之趣吗?

你看王维写归来的路上城门未开,天尚未明,都半夜了,还在纵情欢乐,这该是多么富丽、排场、诗意!

岐王偏爱文艺,他的宫殿里差不多是艺术家们的沙龙。第二首诗写岐王奉旨离开长安到九成宫避暑,你看他照样要带一大帮子人去。

王维也去了。他爱死了这个地方。

他完全被这仙境般的景色迷住了。我们且看他如何捕捉景象、缔构画面:窗户洞开,则有云雾袭来,沾惹衣裳;帘幔卷起,则有山泉淙淙,映入镜中。房舍四周树木参天,幽深寂静,走出屋子就可望见一帘瀑水飞挂山间,隐约可以听见哗哗的水声和欢乐的笑语,正透过密林远远传来。

看到这些,王维纳闷了:仙家的居处未必能胜过这九成宫吧,为什么要像太子晋那样成仙而去呢?

方东树说:"收句乃合应制人颂圣口吻。"意思是说,颂到了点子上,话说得恰如其分。

王维毕竟是官场中人,悟性又高,在颂圣方面还是很有一手的。这一点我们在后面还会看到。

比如,唐肃宗乾元元年(758)春天,王维因陷贼任伪官刚被降为太子中允,尚且心有余悸。

时为中书舍人的贾至先作了一首《早朝大明宫呈两省僚友》,同朝为官的杜甫和岑参都作了和诗,王维也写了《和贾舍人早朝大明宫之作》。

四个人的诗都写得富丽堂皇,使人感到一股喷薄欲出的朝堂富贵之气。

王维是这样写的:

绛帻鸡人送晓筹，尚衣方进翠云裘。
九天阊阖开宫殿，万国衣冠拜冕旒。
日色才临仙掌动，香烟欲傍衮龙浮。
朝罢须裁五色诏，佩声归向凤池头。

有三个大诗人的诗在前面，应该说很难写了，何况又是命题作文，难度就更大了。但王维写得雍容典雅、堂皇伟丽、富贵尊严，有层次，有细节，有特写，意象俱足，音调和谐，轻松地实现了超越。

诗分三层，首联写早朝前的准备，中间两联写早朝时的威仪，尾联写早朝后的行动。天还未亮，头戴红巾的卫士已在宫门外高声报晓，尚衣局的官员忙着给天子呈上翠绿的云裘。层层叠叠的宫殿如九重天门，迤逦打开；异邦万国的使臣拜倒在丹墀两旁，朝见天子。日色刚刚照临到殿堂，仪仗已排列成扇形屏障。御炉中香烟袅袅，缭绕着天子的龙袍浮动飘忽。早朝过后，中书省的官员们退到凤凰池上，把天子的圣旨写在五色纸上向外宣布。

"九天阊阖开宫殿，万国衣冠拜冕旒"，这气势非凡的诗句写出了真正的盛唐气象，也在一定程度上反映了真实的历史图景。以"九天"对"宫门"，以"万国"对"一人"，利用数量上众与寡、位置上卑与尊的对比，突出了大唐帝国的威仪，千百年来为人们所津津乐道。

在今天中华民族走向伟大复兴的道路上，我们不应该忘记，在中国五千多年文明史中，中国的"汉官威仪""盛唐气象"，曾经犹如太阳一般照耀着整个世界。我们的文化自信里，应该有这些东西。

又比如，应制诗是君臣之间的文字酬答，措辞立意，都不是随随便便的。所以，这一类诗能够流传下来的少之又少，原因就在于这类诗多为歌功颂德之

辞，很难写得好，也很难有自己的面貌。

但王维却写得好，且看：

> 渭水自萦秦塞曲，黄山旧绕汉宫斜。
> 銮舆迥出仙门柳，阁道回看上苑花。
> 云里帝城双凤阙，雨中春树万人家。
> 为乘阳气行时令，不是宸游重物华。
> ——《奉和圣制从蓬莱向兴庆阁道中留春雨中春望之作应制》

这首诗历来获得极高赞誉，有赞其"宏丽之中，更饶贵重"的，有赞其"风格秀整，气象清明"的，有赞其"端庄流丽，无字不妙"的，也有赞其"春容典重，藻丽铿锵"的，清人沈德潜甚至说"应制诗应以此篇为第一"。

概括起来，此诗的好处，一是得体，一是如画。此诗尾联说，玄宗的出游并不是为了赏玩花红柳绿的春景，而是为了顺应并布散春天的阳和之气，这就说得相当巧妙。它有意拔高甚至是回护地曲解了皇帝此次出游的目的，让皇帝听着舒服、受用。但又可理解为委婉的讽谏，是要求皇帝把出游的重点移到顺天应人的崇高目标上去。是赞颂而有分寸，是阿谀而又不卑不亢，确有得体之妙。

第三联"云里帝城双凤阙，雨中春树万人家"，是难得的警句，这联对句真是太美了。帝城里高高耸起的凤阙，环绕在氤氲的云气里；街市上攒聚的人家和茂密的春树，笼罩在茫茫的春雨中。一切都在雨中，一切又都在云中，一切都是那么恢宏壮丽，一切又都是那么春意盎然。这就是大唐了，这就是帝都了，这就是富贵气象了。

张戒在《岁寒堂诗话》中说："摩诘心淡泊，本学佛而善画，出则陪岐王及贵主游,归则馂饫辋川山水,故其诗于富贵山林,两得其趣。"的确,山林隐逸之风和朝堂富贵之气是王维诗歌风格的两个侧面,这二者紧密无间、天衣无缝地结合在王维身上,构成了一个完整的真实的王维。

扯远了,赶紧回到正题上来。

又是一个青春欢畅的时辰。宁王府中,贵客盈门,王维王缙兄弟也应邀而至。

宁王李宪是当今皇上李隆基的哥哥。早年他爹唐睿宗李旦当皇帝那会儿,他曾被立为太子。但好景不长,李旦被废,宫廷好一番腥风血雨。直到李旦的三儿子李隆基联合太平公主平定韦氏和诸武,登上帝位,国家才安定下来。

经过这一番闹腾,宁王从此不再过问政治,只喜醇酒与妇人。

这不,宁王今天又拉着一位年轻貌美的少妇的手,满面春风地从后堂走出来。

大家的目光一下子集中到这位少妇身上,但见她眉蹙春山,眼颦秋水,虽然不施脂粉,自有一种缱绻风流。

这个女子名叫甄柔薇,本是宁王府上一个卖饼师傅的妻子。宁王有一次碰巧看见她,就被她的纤白明媚摄去了魂儿。于是不由分说用重金把她买到府上,极尽宠爱。

宁王坐下来,少妇也坐下来。宁王看看众宾客,又看看她,说:"我的美人,一年来本王对你宠爱有加,你也享尽了荣华富贵,为何直到今天还是愁眉不展呢?难道你还想那个瘸腿丈夫吗?"

少妇抽噎着,没有言语。宁王心也软了,挥挥手:"去把那个饼师召来,让他俩见一面吧。"

不久,饼师被领进来了。少妇与这个衣衫褴褛的饼师四目相对,泪流

满面。

宁王有些不忍,忙说:"诸君都是当今名士,本王今日高兴,各位可赋诗一首,说中我心者,赏千金!"满座高朋面面相觑,不知宁王何意。

王维注目宁王和这个女子多时,此刻心中竟涌出一股莫名的感动。他提起笔来,一挥而就。宁王急忙接过来观看,只见上面写着:

莫以今时宠,宁忘旧日恩。
看花满眼泪,不共楚王言。

——《息夫人》

宁王看罢,长叹一声,复又大笑一声,离席而起,慷慨说道:"柔薇,既然你如此钟情于你的前夫,本王就成全你们吧。你们去吧——"

少妇和饼师愣了一愣,然后相拥相泣地走出了宁王府。

王维从眼前少妇的遭遇,想到了一千多年前的息夫人。又从一千多年前息夫人无言的决绝,深深理解了眼前少妇悲愤无助的心灵。

王维紧紧抓住息夫人的"不共楚王言"和饼师妻子的"满眼泪",用以刻画她们内心的悲痛,"更不著判断一语",而把矛头毫不客气地指向了夺人之爱的楚王和宁王。

王维是息夫人的知音,也是饼师妻子的知音,在他那里,两个女子的人格第一次得到确立,尊严第一次受到关注,形象第一次变得光彩夺目。然而,在王维那里,女人的美,还是没有意义的,或者说还是无足轻重的。这个觉醒,要等到《金瓶梅》的出现。

二 前路白云外

Chapter 02

721 年王维进士及第后不久，即被授为太乐丞。

他是酷爱音乐的岐王府上的常客，也是在宁王府中大胆写下《息夫人》的嘉宾。

深如海的侯门，他能自如进退。但涉世未深的少年，怎能料到深如海的侯门，也能轻易将他卷进命运的旋涡之中？

721 年 8 月，他因"伶人舞黄狮子"案被出济州。其实，他只是做了最高统治集团内部斗争的牺牲品，代人受过而已。

一个出入高堂华屋的皇室座上宾，一个诗书画乐样样精通的贵族天才，在意气扬扬期待着似锦前程之际，却莫名被贬到千里之外的穷乡僻壤。

他的心情很复杂。

他有委屈牢骚,在《被出济州》中他叹道"微官易得罪"。

但他还年轻,还有无限的希望与可能。

在接受了被贬的现实后,他心情稍微平复了下来。未知和远方,在召唤他。他一路走来一路诗,800公里的行程,他一一记在了诗中。这些行旅之诗带有田园的温馨与闲适,烙着王维独有的个性特色。也藏着哀而不伤、怨而不怒的忧郁,毕竟没有哪一个青春年少之人,这么快就学会放下。

从开元九年(721)到开元十四年(726),王维在济州待了五年。

这五年里,王维经历了什么样的心路历程?

在他留下的诗中,我们大略可窥见一二。

他心中块垒难消,却并没有金刚怒目式的愤激。他喜欢与一些素心人相交,在他们身上,他汲取了让自己安心平静的力量。一个官府小吏,一个文学之士,两个隐在山中的山人,都是他心目中的贤人。他羡慕他们抛下荣名返归乡野的勇气,羡慕他们能自由选择、听凭内心的洒脱。

他个性温润而不偏激,与上司也没有特别的矛盾。尤其是裴耀卿任济州刺史时,他颇受裴耀卿的赏识。在这里,他与裴耀卿一起,参与了率济州民浚河修堤的大工程。多年后,当裴耀卿去世,其遗爱碑正是由王维撰写。

济州的山山水水和民风民俗,都被他以诗人之眼观察,并在他的诗中留存。

他乡信美,却非吾土。

五年的时间，他可以忍受孤独，却无法克制对家乡和亲人的思念。时间越久，思念越深。

老朋友祖咏过济州顺道来看他，他一反清简的常态，拼命留宿，"不枉故人驾，平生多掩扉"。朋友离去时，他一直送到了百里之外，"送君南浦泪如丝，君向东州使我悲"。

甚至一个素不相识之人的送别场面，也深深触动了他的心。"余亦辞家久，看之泪满巾"，他为别人的送别，流下了自己的泪。

开元十六年（728）年，裴耀卿离开济州任后不久，王维辞去了参军之职，离开济州，踏上了归乡之路。

回到长安后的王维行踪不明。

或说是隐于淇上，且是半官半隐。

被出济州，是年轻的王维生命中的第一段下跌与灰暗期。这对他而言，是一种不幸，但同时也是一种幸运。因为这种挫磨与打击，有时会让人在忙碌的追逐中暂时停下来，认真返观一下自己的内心，等等自己的灵魂，看清楚自己真正想要的是什么。

王维选择了隐于淇上。在隐于淇上的这段日子里，他写下了《偶然作》《不遇咏》等诗。诗中他向往"散发不冠带，行歌南陌上"的楚狂接舆的脱俗；向往"短褐不为薄，园葵固足美"的田舍翁的简淡；向往"奋衣野田中""兀傲迷东西"的陶渊明的自在。

他心中充满矛盾，"几回欲奋飞，踟蹰复相顾"，岁月白白流逝，而他依然被牵系在这个红尘中，不能高飞远举；他对传统的圣人之教，产生了深深怀疑，"被服圣人教，一生自穷苦"；他甚至一反"怨而不怒"的常态，流露出一生中罕见的性情之语，"济人然后拂衣去，肯作徒尔一男儿"！谁要为一点身外之累,窝囊成这个样子?

    开元十六年(728)至开元二十二年(734)年,又是一个六年。

    他并没有一直隐于淇上,他还那么年轻,人世间的风景还没有看透,生命的底色还那么单薄。在这条人生之旅上,如果他就这样一开始就选择了隐,没有丝毫的矛盾与挣扎,没有来回的反复与曲折,他领略不了生命的深沉与丰富,他也无法成为垂名后世的大诗人。

    他又选择了行万里路,开始了漫游。

    对王维在此期间是否南游吴越,一直有争议。但西游巴蜀,却是肯定的。

    在隐居中调适心灵,在漫游中积蓄力量。

    开元二十二年(734)春,王维回到了长安。他要面临人生中一个重大的转机,而给他希望的那个人是张九龄。开元二十一年(733)张九龄拜相。张九龄骨子里是个文人,他以文才衡量士子,看不起不学无术的李林甫,也看不起出身行伍的武夫。

    张九龄说,若非饱学,焉得高位。

    这让无数像王维一样的饱学士子看到了希望。

诗即真

真正的诗人一定是诚实的。

古人说:"修辞立其诚。"修我言辞,目的就是要立我诚心。换言之,诗人努力寻求最好的表达,目的就是为了表现真实的自我。没有自我,哪来真实?而没有真实,文学也就不存在。

所以,一个诗人在他的作品中所写下的一切,应该就是他心灵的全部、生命的全部、思想的全部,一点不多,一点也不少。而那些他从未探测过的地方,就是他的黑暗之处。

所以,一个真正的诗人几乎已经在他的作品中百分之百地告诉了我们:他是谁?他从哪里来?他要到哪里去?我在本书中所写的大概就是这样。

公元721年春,王维考中进士,早早地来到了人生第一个制高点。这个制高点很多人终其一生都没有达到过,包括那些很有才华的人。

对此,王维似乎显得很平静,既没有狂喜也没有得意。孟郊登科后的心态和行为就有点夸张、扭曲,他写诗说:

> 昔日龌龊不足夸，今朝放荡思无涯。
> 春风得意马蹄疾，一日看尽长安花。

孟郊一辈子辛辛苦苦地考进士，直到四十六岁才考上。所以，这喜悦来得太晚了一点，他压抑得太久了。

那个长安花是什么呀？女孩子。唐朝实行的科举制度给了很多寒门士子一个上升的通道，为了鱼跃龙门，很多有志向的年轻人踌躇满志地跑到长安去，希望一举高中。考上进士以后非常荣耀，要骑马游街。所以，放榜那天，达官贵人的千金都会倾巢而出，去觅一个如意的郎君。而那些新科的进士，也想在独占鳌头后抱得美人归。大概大部分男人就是这个人生理想。

跟王维一起去考进士的还有綦毋潜，很不幸，綦毋潜落第了。王维殷勤地写了一首诗，送给这位即将黯然返乡的好朋友。

> 圣代无隐者，英灵尽来归。
> 遂令东山客，不得顾采薇。
> 既至君门远，孰云吾道非。
> 江淮度寒食，京洛缝春衣。
> 置酒临长道，同心与我违。
> 行当浮桂棹，未几拂荆扉。
> 远树带行客，孤城当落晖。
> 吾谋适不用，勿谓知音稀！

——《送綦毋潜落第还乡》

诗的基调是温婉的抚慰和开导。他说现在是个好时代,年轻人干事有舞台。不要怀疑自己没才华,谁能没个运气好和坏?一上来就把落第者应试的意义提升到了一个时代的高度!

接下来是絮絮的劝解:你来的时候,江淮一带还在过寒食节,到洛阳时应该在缝制春衣了。现在你将归去,我在这长亭古道为你送别,充满忧伤。你水陆兼行顺流而下,很快就会到家的。

你走了,我的心也跟着你走了。此刻,我仿佛看见你穿行在树林之间,人和树的影子都难以分辨了,我又仿佛看见你在落日余晖中抵达了某个小城……

这样写来,真是言有尽而意无穷!所以有人怀疑末尾的两句"吾谋适不用,勿谓知音稀"是不是抄错了位置,如果把这两句放到"既至君门远,孰云吾道非"后面,就刚刚好了。

726年,綦毋潜中进士,释褐为宜寿县尉。辗转官场数年后,綦毋潜于733年决定步储光羲后尘,辞官归隐,王维写诗送他。

> 明时久不达,弃置与君同。
> 天命无怨色,人生有素风。
> 念君拂衣去,四海将安穷。
> 秋天万里净,日暮澄江空。
> 清夜何悠悠,扣舷明月中。
> 和光鱼鸟际,澹尔蒹葭丛。
> 无庸客昭世,衰鬓日如蓬。
> 顽疏暗人事,僻陋远天聪。

微物纵可采,其谁为至公?

余亦从此去,归耕为老农。

——《送綦毋校书弃官还江东》

此诗开篇即云"明时久不达,弃置与君同",一下子就把自己和綦毋潜放在同一命运遭际的平台上,那么接下来所写的内容,就不仅是在写綦毋潜,也是在写他自己。从读者的角度来看,当綦毋潜读到此诗时,他一定会有更多的共鸣和感慨。

政治清明,个人苦闷,天命如此,能怨谁呢?你既然已经打定主意弃官归隐,那就安于平凡、享受平凡吧。有碧空万里,澄江如练,明月相伴,清夜悠悠,鱼鸟为侣,又岂不满足?

怪只怪自己不懂人情世故,交际应酬,还一味地自以为是,固执己见,这世间有谁受得了你我?綦毋兄,你先去吧,随后我也将步你后尘,去当个老农算了。

诗人这样写,到底是实话实说,还是暗寓讥讽?答案在读者你的心中。

出长安

上了年岁的人经常会有这样的担心，一个人的命运太顺利了总让人感觉不踏实，似乎这是老天爷故意设下的陷阱似的。

王维昨天还在为友人哭泣，转眼就要为自己哭泣了。

王维中进士之后，被授为太乐丞，正式进入唐朝官员行列。

唐朝在太常寺设有太乐署，主要职责是掌管国家祭祀享宴所用的乐舞，这个机构设负责人一名，就是太乐令，从七品下官衔，设副职一名，就是太乐丞，从八品下官衔。

当时的太乐令是谁呢？刘贶，就是那个写了《史通》的大史学家刘知几的儿子。王维是刘贶的副手，官居太乐丞。

王维供职刚几个月，就发生了一件匪夷所思的事情，拿今天的话来说，是个低级政治错误，署中"伶人舞黄狮子"。

什么叫"伶人舞黄狮子"？唐代有五方狮子舞，五方狮子即青、赤、黄、白、黑五色狮子，伶人所舞的黄狮子只是其中之一。依唐代律令，五方狮子舞是专供皇帝享用的，伶人私自演出为不敬。刘贶和王维就这样摊上事了。

首先负有责任的是太乐令,其次是太乐丞。刘贶处罚重一点,流放,王维处罚轻一点,被贬。

想想看,王维这年春天才考中进士,秋天就被逐出京城,贬为济州(治所在今山东茌平西南)司仓参军,这一去就是几年。

王维的脾气来了。怎么着王维也曾年轻过,谁还能没点脾气?你以为诗佛那么容易炼成吗?

微官易得罪,谪去济川阴。
执政方持法,明君无此心。
闾阎河润上,井邑海云深。
纵有归来日,多愁年鬓侵。

——《被出济州》

王维说,我官职卑微,动辄得咎。有权势者一句话,就把我贬到了济水之滨。

我们正等着王维发牢骚,没想到他来了个一百八十度大转弯:执政者大概也是依法办事,我相信皇帝本没有贬逐我的意思。何况济州那个地方也是王道乐土,同样沐浴在朝廷的恩泽之下。我还是老老实实地去吧。我只是担心,岁月易逝,年华易老,万一在那个地方待的时间长了,那就糟了。

嗯,这诗里的牢骚不算太严重,态度也不够坚决,隐隐地还有企求怜悯之意。

接下来,我们还是跟着王维一路赴任吧。他从长安出发,沿途经郑州、荥阳,渡京水,过滑州,最终到达济州,跨越了陕西、山西、河南、山东四省。

在他来到济州之前,他一直用诗记录着行程,以及眼前的山川和心底的那点惆怅。

井邑傅岩上,客亭云雾间。
高城眺落日,极浦映苍山。
岸火孤舟宿,渔家夕鸟还。
寂寥天地暮,心与广川闲。

——《登河北城楼作》

河北乃县名,唐属陕州,在今陕西平陆县境内。傅岩就是商代贤臣傅说寒微时版筑的地方。河北县临黄河,是王维从京城长安赴山东茌平必经之地,后面的广川即指黄河。

诗人站在高高的城楼上极目远眺,一轮落日正在下坠,苍山远水映入眼帘。他看见,村落和客栈踞于云雾缭绕的山岩上,远处的孤舟泊在了河边,岸上起了炊烟,渔夫和倦鸟都回到了栖宿之处,但他仍久久伫立不愿离去。"寂寥天地暮,心与广川闲。"读到这里,我的心里一阵抽搐。

很多年前,当我读肖洛霍夫的巨著《静静的顿河》时,当我观看那部史诗般的电影里那个经典的镜头时,我的心无比悲凉。葛利高里对娜塔莉娅说:"你是这么陌生,就像这月亮,不冷不淡。我不爱你。我觉得对不起你,而我的心里却是空荡荡的,感觉就像站在这空旷的草原上。"当葛利高里在木车里躺在她身边、对她说出上面这番话的时候,她的眼泪流到了心里。冷月高悬在淡淡的浮云之上,骤然的落雪覆盖大地。

诗人来到了郑州,尚未渡过黄河。《宿郑州》诗云:

朝与周人辞,暮投郑人宿。
他乡绝俦侣,孤客亲僮仆。
宛洛望不见,秋霖晦平陆。
田父草际归,村童雨中牧。
主人东皋上,时稼绕茅屋。
虫思机杼鸣,雀喧禾黍熟。
明当渡京水,昨晚犹金谷。
此去欲何言,穷边徇微禄。

在这首诗里,王维的感觉依旧是那么真实、新鲜、锐利。

诗评家们尤其对"孤客亲僮仆"一语赞不绝口。的确,这话说得真切沉痛。离乡背井,亲人渐远,孤独与陌生无时无刻不在袭来。此刻,即便你身边只有一个不晓事的仆人,你也会觉得他亲,觉得他好,觉得他是个依靠,因为这是你感情的巨大需要。

"明当渡京水,昨晚犹金谷。"这是地理空间,更是心理空间。诗人距离"金谷"越来越远,即是距离希望越来越远了。对前途的忧叹、对此行的懊悔、对命运的不甘,始终牢牢地占据着他的心。"此去欲何言",谁愿为了点微薄的俸禄而去那穷乡僻壤!

接下来进入了荥阳。

泛舟入荥泽,兹邑乃雄藩。

河曲闾阎隘，川中烟火繁。
因人见风俗，入境闻方言。
秋野田畴盛，朝光市井喧。
渔商波上客，鸡犬岸旁村。
前路白云外，孤帆安可论！

——《早入荥阳界》

在这里，王维罕见地对自己的行程做了一个连续而又完整的记述，《宿郑州》作于头天晚上，《早入荥阳界》则作于翌日清晨。清人赵殿成注："荥泽在唐时已成平陆，岂能泛舟？盖谓泛舟大河（黄河），以入荥阳之界耳。"这个解释是有道理的。

荥阳人口众多，市镇繁茂，今年秋天收成不坏，农村和集市都呈现出一片兴旺景象。这个地方的语言和风俗与都城长安大不相同，在在都使人感觉此刻已经身处异乡。前路渺远，孤身独往，此中情味，不说罢了！

一切景语皆情语。"宛洛望不见，秋霖晦平陆"是如此，"寂寥天地暮"是如此，"前路白云外"也是如此。

济州上

　　王维是于 721 年秋离开长安到济州赴任的,这一出"出长安记"有点仓皇,有点窝囊,有点凄切。

　　按理,四年秩满后,王维应当离任。但 725 年冬唐玄宗准备东封泰山,济州正当乘舆所经之地,有许多事情要做,所以直到第二年春天,王维才得到机会离开济州。

　　在济州期间,王维对社会人生的认识加深了,牢骚和愤慨也加深了。这个时期,王维的作品并不多,那是一段黯淡岁月。

　　但是,对于诗人来说,这段黯淡岁月却有它特殊的作用、特殊的意义。出济州之前,王维乘盛唐时代风云、禀天地灵秀之气,颇多才气侧漏之作,但这些诗读来未免隔膜和空疏。经历这一次猝不及防的贬谪打击,似乎在一夜之间,就使那个热情满怀、抱负非凡的王维醍醐灌顶般地懂得了理想与现实之间的距离。他勘破了真相,熄灭了热情,但同时却在内心深处沉潜了真正有生命能量的东西。从此,他眼界始大,感慨遂深。

比如《济上四贤咏三首》：

解印归田里，贤哉此丈夫！
少年曾任侠，晚节更为儒。
遁世东山下，因家沧海隅。
已闻能狎鸟，余欲共乘桴。

——《崔录事》

宝剑千金装，登君白玉堂。
身为平原客，家有邯郸娼。
使气公卿座，论心游侠场。
中年不得志，谢病客游梁。

——《成文学》

翩翩繁华子，多出金张门。
幸有先人业，早蒙明主恩。
童年且未学，肉食鹜华轩。
岂乏中林士，无人献至尊。
郑公老泉石，霍子安丘樊。
卖药不二价，著书盈万言。
息阴无恶木，饮水必清源。
吾贱不及议，斯人竟谁论！

——《郑、霍二山人》

三首诗所咏之人，号称"四贤"，是王维心目中的理想人物。四个人的具体情况如何，今已不详，只能从诗中大致猜测，一人是官府小吏，一人是文学之士，另外两人是隐士。

他们均曾有过意气风发的青年时代，但现在都已年老归隐。王维由衷地羡慕他们往昔豪迈洒脱的生活，由衷地赞美他们抛弃世俗荣利回归乡野田园的勇气和高尚节操。诗人似乎从他们身上看到了自己的未来，他似乎也正向往着这样的未来。

自己没有经历过的生活，总是渴望得不得了。一旦经历一次，就不是那么回事了。

从艺术上看，三首诗都称得上是精彩的人物素描，着墨不多，却使人物跃然纸上。

崔录事为人纯朴，毫无机心，海鸥都来跟他亲近。所以王维羡慕得不得了，说：我真想跟这样的人一起浪迹江海。

成文学"使气公卿座，论心游侠场"，颇有李白"安能摧眉折腰事权贵，使我不得开心颜"的气概，这也使诗人向往。

郑、霍二山人孤高、耿介，渴不饮盗泉水，热不息恶木阴，避世卖药，口不二价。至此，诗人乃发出大感叹："我的思想境界远远赶不上他们啊，谁有资格来评论他们呢？"

《寓言二首》乃愤激之言，意思与《郑、霍二山人》极接近。

其一

朱绂谁家子？无乃金张孙。

骊驹从白马，出入铜龙门。
问尔何功德？多承明主恩。
斗鸡平乐馆，射雉上林园。
曲陌车骑盛，高堂珠翠繁。
奈何轩冕贵，不与布衣言！

　　其二
君家御沟上，垂柳夹朱门。
列鼎会中贵，鸣珂朝至尊。
生死在八议，穷达由一言。
须识苦寒士，莫矜狐白温。

　　世族子弟养尊处优、斗鸡走狗，你看他的斥责是多么直接："问尔何功德？多承明主恩。"可他们偏偏还那么骄横，看不起布衣之士，你看他的愤慨是多么强烈："奈何轩冕贵，不与布衣言！"可怜啊，寒士举子们的命运全在这些人手中："生死在八议，穷达由一言。"最后，诗人发出抗议了："做官的人应该知道天下尽多苦寒之士，不要只顾得意自己拥有温暖的狐裘！"
　　对于王维这么一个性格温和的人来说，能够喊出"须识苦寒士，莫矜狐白温"这句话来，已经很不容易了。

　　《鱼山神女祠歌》可以看作是大诗人王维贴近实际、贴近生活、贴近群众的一次成功实践，分为《迎神曲》和《送神曲》二首。

　　坎坎击鼓，鱼山之下。

047

吹洞箫,望极浦。
女巫进,纷屡舞。
陈瑶席,湛清酤。
风凄凄兮夜雨,神之来兮不来?
使我心兮苦复苦!

——《迎神曲》

纷进舞兮堂前,目眷眷兮琼筵。
来不语兮意不传,作暮雨兮愁空山。
悲急管,思繁弦,灵之驾兮俨欲旋。
倏云收兮雨歇,山青青兮水潺湲。

——《送神曲》

鱼山神女祠,承载着一个美丽凄婉的爱情故事。魏国济北郡官员玄超夜半独宿,梦有天上玉女来从之。玉女姓成公,名知琼,天帝哀其孤苦,允其下嫁,遂与玄超结为夫妇。玉女夜来晨去,倏忽若飞,唯玄超见之,他人不见。后来这件事情被人知道了,玉女遂求去。去后五载,玄超奉使赴洛,至济北鱼山下,复见知琼,悲喜交集,遂同乘赴洛,重归旧好。

诗人王维像当年的屈原一样,参与了民间对成公知琼的迎送和纪念仪式,亲身体验了民众的喜乐,所以写下这两首曲辞,供百姓奏唱。

《迎神曲》为迎接女神的降临而唱,现场的主角是女巫,人们相信女巫的歌声能够沟通人神,"风凄凄兮夜雨,神之来兮不来?使我心兮苦复苦!"这诚挚恳切的邀请,定可使女神翩翩而来,并降福于民众。

《送神曲》是仪式结尾的歌唱,歌词回顾仪式过程,恭送神灵回天,表现

了人们对神灵的感激和虔诚。"倏云收兮雨歇,山青青兮水潺湲",精准地刻画出神灵去后的湛湛乾坤、朗朗世界,与此前的迷离恍惚之境恰成对照,给人言有尽而意无穷的审美感受。

《渡河到清河作》是王维在济州期间所作的一首山水诗,少有的声色俱壮。

> 泛舟大河里,积水穷天涯。
> 天波忽开拆,郡邑千万家。
> 行复见城市,宛然有桑麻。
> 回瞻旧乡国,淼漫连云霞。

诗人从济州出发,要先渡过黄河,到达博州,然后继续西行,才能到达贝州州治所在地清河县。一般认为前面的"郡邑"应指博州州治所在地聊城县,后面的"城市"才是清河县。

以大河称黄河,自然而贴切;河水广大,似乎要把广阔的大地淹没了。最妙的是第三句,"天波"——连天之水忽然像裂开来一样,展现在眼前的竟是"郡邑千万家"的雄奇景象!

诗人忍不住惊呼,读者则对诗人的用笔只有叹服。

诗人继续西行,又一座城市出现在他眼前,那里是一片桑麻富庶的景象,这就是清河县了。这时他回过头来遥望出发地济州,只见水波浩淼,蔚然一片云霞。

结尾一笔,犹如电影中的远拉镜头,给人以极强的纵深感和画面感,这是王维诗,也是中国古典诗歌常用的表现手法。这一招的确耐人寻味,值得

学习。

王维离开济州返回长安途中,创作了《寒食汜上作》和《观别者》两首诗,都非常感人。

> 广武城边逢暮春,汶阳归客泪沾巾。
> 落花寂寂啼山鸟,杨柳青青渡水人。
>
> ——《寒食汜上作》

寒食节在清明节前一二日。此时,诗人顺着汜水,来到了广武城。

这个广武城在历史上是大大地有名的!

楚、汉相争时,项羽、刘邦曾分别屯兵东、西城,隔汜水对峙。

四百年后,那个善使青白眼的阮籍登上广武城,观看当年楚霸王项羽与汉高祖刘邦交战的遗址,叹息说:"时无英雄,使竖子成名。"

对于这历史的遗迹,王维不是没有感觉的。何况时值暮春,作者遭贬归来,心情极其复杂。

他想到了过去的四年,如惊涛一样的流过去了,什么也没有留下。他想到了今后的岁月,前路在哪里呢,似乎也没有一个明确的答案。

泪滴在心上。透过泪眼,他看到了寂寂的落花、青青的杨柳、乱啼的山鸟、忙碌的渡水之人。

山鸟是在为谁而啼呢?渡水的行人又要到哪里去呢?

世界是如此美好,生活却在别处。

《观别者》看似在写那个离人,其实何尝不是在写诗人自己?

青青杨柳陌,陌上别离人。
爱子游燕赵,高堂有老亲。
不行无可养,行去百忧新。
切切委兄弟,依依向四邻。
都门帐饮毕,从此谢宾亲。
挥泪逐前侣,含凄动征轮。
车从望不见,时时起行尘。
余亦辞家久,看之泪满巾。

不出去谋生吧,难以糊口。出去吧,有离别之痛、前途未卜之叹、不能奉养亲人之忧。生活真的不是只有诗和远方。

切切的叮嘱,依依的留恋,这充满了感情的举动,有着别样的辛酸。

十六句,八十个字,没有一个字不朴素,没有一句话不写实,但我们读来却有"泪满巾"的感觉。

是生活,触痛了我们。而诗的力量,就在于它准确地传递了这种疼痛。

纵观这一时期王维的诗作,可以发现,在他喷薄的才情之中,时常带有一种失志的忧郁。直到写出《辋川集》,这种不经意间的深沉凝滞才彻底化掉。

爱与恨

黑格尔说,你一开始看不到事情的本质,你得等他发展,直至成熟。在我们没有完全了解王维的世俗生活和精神世界之前,我们也很难说清王维究竟是怎样一个人。

有一个问题绕不过去,就是王维的婚姻问题。但是,偏偏在这个问题上,历史的记载却少得可怜。这似乎是一种常态,这种常态隐约地说明了一个事实,即人世间的功业跟英雄们的情感世界似乎关系不大。

《旧唐书·王维传》云:"妻亡,不再娶,三十年孤居一室,屏绝尘累。"这16个字的记载至少提出了三个问题:一、王维是有过妻子的,妻亡后,王维为什么没有再娶呢?二、王维后半生孤身一人生活,是因为没有子女吗?三、王维屏绝尘累是为了修道还是为了忏悔,这里的"尘累"究竟是亲情之累还是情欲之累?

我回答不了这些问题,一点也回答不了。但我知道这些问题很重要,对于还原一个真实的王维很重要。

王维在诗文中偶尔也留下了一些蛛丝马迹,但这些蛛丝马迹不是有助于解决问题,而是增加了更多的歧途和可能性。

比如,现存的王维诗中,写到崔兴宗的有近十首之多,如《送崔兴宗》《送崔九兴宗游蜀》《与卢员外象过崔处士兴宗林亭》《崔九弟欲往南山马上口号与别》《秋夜独坐怀内弟崔兴宗》《崔兴宗写真咏》等。在这些诗中,王维出人意料地称呼崔兴宗为"崔九""崔九弟""内弟",这是王维集中唯一被称为"内弟"的人。

在唐人的称呼里,"内弟"即为妻弟。据此,我们推测王维的妻子应为崔兴宗的姐姐或者堂姐。

那么,王维与崔氏结婚是在什么时候呢?最有可能是在长安从岐王宴游那段时间,这也是王维一生中最好的年华。如果真是这样,那么,王维被贬济州时,他是没有带妻室前去的。等他回到长安,再过四五年,大约在731年,正当王维而立之年时,他的妻子竟故去了。如此算来,王维的这段婚姻应该只有十年左右时间。

又据《新唐书·宰相世系表》所载,王维没有子嗣。这应该是确实的。王维在为其母守丧期间,写过一首四言诗《酬诸公见过》,其中有"嗟余未丧,哀此孤生""仰厕群贤,皤然一老"等语。又,王维在生命的最后岁月里,曾向朝廷奏呈《责躬荐弟表》,其中也有"阒然孤独,迥无子孙"等语。这些都是明显的证据,如果王维真有子嗣,他是不会这样说的。

那么,王维与崔氏的感情如何呢?遍检王维集,我们找不到一首关于他妻子的诗。这是令人诧异的。王维为什么没有为他的妻子留下哪怕只言片语呢?也许他写过,但是后来遗失了,也许是王缙编撰王维集的时候删去了。

王维还爱过什么人吗?比如说玉真公主。这是个谜。

有一组诗非常可疑,这就是《杂诗》三首,有人认为是王维揣摩女子的口吻写的,也有人认为是王维写自己的。

孟津河在洛阳北部黄河南岸一带,王维曾经在这里住过。

我认为,《杂诗》是王维住在这里的时候写的,即使王维揣摩女子的口吻,写的也是自己心中所想。

《杂诗》一共三首,但一般的选本都只选第二首。实际上,三首诗虽然各自成章,但意思却互有关联,不能分割开来解释。

其一

家住孟津河,门对孟津口。

常有江南船,寄书家中否?

其二

君自故乡来,应知故乡事。

来日绮窗前,寒梅著花未?

其三

已见寒梅发,复闻啼鸟声。

愁心视春草,畏向阶前生。

第一首是妻子的口吻。住在孟津河渡口边的一个女子,门前常有船来船往。每次见到江南来的船,她就想,那远在天涯的丈夫,不知可有信捎来?

第二首是游子的口吻。他见到来自故乡的友人,便问道:我家窗前的梅花有了小骨朵儿了吗?

第三首又是妻子的口吻。她看见时光无情地流逝,不仅寒梅花开了,黄莺

儿也在叫了,春天的脚步已经临近,春草在阶前生长着,眼看就要蔓上台阶了。此刻,她感到,她的忧愁就像那春草一样在疯长,快要占满她的心了。

我们不能肯定这第二首诗中的游子,是否就是第一、三首诗中那个女子的丈夫?如果是,那么绮窗就是女子的闺阁了,游子对于梅花是否开放这个细节的追问,就真的是含蓄蕴藉到无以复加了。面对友人,诗人何以启口动问闺阁之事?即使动问,友人又何以知?何以答?所以,诗人只能意在言外地问问那绮窗前的梅花罢了。

但是,就是这轻轻的一问,也十分美好。它饱含着一种深意、一种深情、一种虽饱经沧桑却永不世故的美好。

言说者是在什么样的情形下说这番话的?他是对一个友人还是对一个家乡人说的?他为什么要问起镂花窗前的那株腊梅花呢?腊梅花与问者和答者之间曾经有过怎样的故事?我们很想知道这些事,但这些事都不重要。重要的是,这绮窗、这腊梅使我们感到无比美好!

美好的事物,使人顿觉这人世也美好而深情起来。

宋之问有一首《渡汉江》的诗,其中两句说:"近乡情更怯,不敢问来人。"这宋之问的不敢问,与王维的不着边际之问,表现的同是一种复杂难言的人生况味。

我们生在这世间,每天要说很多话,但大多数都是废话。诗人很少说话,诗人只在他的诗里说一些简简单单、平平常常的话,却耐人咀嚼、韵味无穷。

这组《杂诗》就是这样。

隐淇上

王维从济州回到长安后，于727年至728年隐于淇上。

淇上即淇水两岸，属卫州，与滑州为紧邻。这里是靠近东都洛阳的沃壤雄州，很多王侯的封地在这里，历史上也出过著名的隐士，比如苏门山有孙登长啸处。

王维隐于淇上可能是希望得到当时正在黎阳县（卫州属县，在河淇之间）当官的朋友丁㝢的照顾和接济。后来，储光羲也从安县尉任上弃官来到淇上暂时赋闲。

王维隐于淇上是亦官亦隐，唐制，官员十日一休沐，亦官亦隐主要是指这种假日的休沐，这是最合乎盛唐人理想的一种生活方式。

王维前半生主要的隐居活动一共有三次，第一次是727年至728年隐于淇上；第二次是734年秋短暂隐居嵩山，等待张九龄的擢拔；第三次是741年与储光羲、裴迪、崔兴宗等人一起隐于终南山。

三次隐居的原因略有不同，第一次是亦官亦隐，依靠朋友；后面两次是在等候选调或荐举期间暂时闲居。

　　三次隐居的方式也略有不同，第一次和第三次都是偕隐，就是几个志同道合的朋友一起隐居。偕隐是盛唐人特别爱好的方式，他们用这种方式来冲淡在隐居中最难忍受的寂寞之感，同时在对自然之美的领悟中，又能享受到自己的鉴赏力被他人理解和欣赏的快感。第二次隐居嵩山应该是独隐，一则时间不长，二则王维怀着志忑和期待在等候张九龄的召唤，所以他在《归嵩山作》说："归来且闭关。"

　　三次隐居的地点都是风景秀丽之地，也是盛唐文人最爱去的隐居之地。

　　三次隐居的目的各有不同，但应该都有进行心理调节的现实考量和逃避政治是非、坚持理想正道的精神追求。

　　743年，王维建造了辋川别业之后，就再也没有到别的地方去隐居了。这是很自然的，因为辋川就是他的隐居之地和精神家园。此后，他一直在长安做官，每每于公事之暇回山居小憩，有时较长时间住在辋川，有时又较长时间离开辋川，《辋川别业》诗云："不到东山又一年，归来才及种春田。"这应该是实情。

　　王维隐于淇上两年间是他创作田园诗的重要时期，也是他思考现实的不平和隐逸的意义的重要时期。

　　这一时期的创作颇见他的心迹，突出的就是《偶然作》五首。

其一

楚国有狂夫，茫然无心想。

散发不冠带，行歌南陌上。

孔丘与之言，仁义莫能奖。

未尝肯问天，何事须击壤？

复笑采薇人，胡为乃长往！

此篇咏楚国狂人接舆，写得极为酣畅洒脱。接舆的故事载于《论语·微子》。

楚狂接舆歌而过孔子曰："凤兮凤兮！何德之衰？往者不可谏，来者犹可追。已而已而！今之从政者殆而！"孔子下，欲与之言。趋而避之，不得与之言。

楚国狂人接舆向往的是桃花源里无君无税、无忧无虑的生活，他对俗世的一切都嗤之以鼻。

孔子鼓吹仁义道德，他瞧不上；屈原忧国忧民以至痛苦地追问苍天，他不屑仿效；击壤老人高唱的"帝力于我何有哉"，他也觉得很无所谓；至于"义不食周粟"而饿死于首阳山的伯夷、叔齐，在他看来简直自相矛盾得可笑！

那么，在王维心中，接舆是怎样的模样呢？"楚国有狂夫，茫然无心想。散发不冠带，行歌南陌上。"年轻时王维欣赏这样的人，年老时他自己就是这模样。

其二

田舍有老翁，垂白衡门里。

有时农事闲，斗酒呼邻里。

喧聒茅檐下，或坐或复起。

短褐不为薄，园葵固足美。

动则长子孙，不曾向城市。

五帝与三王，古来称君子。

干戈将揖让，毕竟何者是？

> 得意苟为乐，野田安足鄙？
> 且当放怀去，行行没余齿。

这首诗写田舍翁纯朴的生活及其理想，有陶诗的真率。想必这也是王维斯时的理想，或者说是一种向往，一种逃避，一种牢骚。

你看他轻飘飘地说出"且当放怀去，行行没余齿"，就这样终老一生啊，何况正当盛年，说来容易，做来难啊！

其三

> 日夕见太行，沉吟未能去。
> 问君何以然？世网婴我故。
> 小妹日成长，兄弟未有娶。
> 家贫禄既薄，储蓄非有素。
> 几回欲奋飞，踟蹰复相顾。
> 孙登长啸台，松竹有遗处。
> 相去诋几许？故人在中路。
> 爱染日已薄，禅寂日已固。
> 忽乎吾将行，宁俟岁云暮？

诗云：早晨看太行，晚上看太行，思来又想去，抬脚不敢前。生活啊，你就像一张大网，把我网住。眼看着兄妹们一个个长大成人，尚未婚娶。长兄如父，我做人好辛苦。做着一个小官，既不快乐，也无建树。想为了心中的理想而奋飞啊，看看家人我又不能啊！隐居之地就在眼前啊，故人们正在去那里的途中啊。我不贪爱这尘世啊，一心只想学禅归隐。还是早点做决定吧，难道要

059

看着岁月白白流逝?!

王维一生都想过那种不受任何拘束、自由自在的生活,这是他早慧的心灵的期盼,这也是他静水深流广大无边的智慧和理解力的必然选择。

这样讲比较费解,其实我想说的是,只要有机会,唯有那些具有出世精神的人,才能做入世的事业。没有机会,你在俗尘里混个啥,等个啥,混久了,等久了,你也是一个俗人。你的精力、你的心灵、你的理想该在何处安放?

往深里想,尘世的事业从根子上说是俗人的事业,而不是神的事业,也不是超人的事业。俗人能成事,自有其深刻的道理。阮籍长叹说:"时无英雄,使竖子成名。"你说这怨谁?谁要你读那么多书?谁要你那么敏感?谁要你把理想和智慧安放于常识之上?人,终究得在尘埃里生活,在尘埃里建立功业,你管那个功业会不会灰飞烟灭?灰飞烟灭是一定的。如果罗马都毁灭了,还有什么是永世长存的呢?

其四

陶潜任天真,其性颇耽酒。
自从弃官来,家贫不能有。
九月九日时,菊花空满手。
中心窃自思,傥有人送否?
白衣携壶觞,果来遗老叟。
且喜得斟酌,安问升与斗。
奋衣野田中,今日嗟无负。
兀傲迷东西,蓑笠不能守。
倾倒强行行,酣歌归五柳。
生事不曾问,肯愧家中妇!

陶渊明是王维心目中的理想人物,不仅在诗歌艺术上是如此,在精神人格上也是如此。

这首诗抓住陶渊明嗜酒这个特点,活脱脱地刻画出了一个真人陶渊明。

首六句客观叙述,一路铺垫,一直写到重阳节没有酒喝十分难堪。于是顺理成章地引出陶渊明的心理活动:此时如果有人送酒来,那可多好!

接下来的两句"白衣携壶觞,果来遗老叟"是全篇的转折,为下面大段描写陶渊明的醉态醉思作了铺垫。

看,喝了酒的陶渊明是多么快活,他竟然"奋衣田野中",而至于"兀傲迷东西",他大呼今天喝得痛快,不枉为人一遭!他把身上的蓑衣和斗笠一扔,唱着有腔无调的歌曲,一路歪歪倒倒地走回五柳居去。他一生都不为家事操心,当然也不怕以醉态面对妻子。

在王维笔下,陶渊明做到了天真自然、洒脱自在。

其五

赵女弹箜篌,复能邯郸舞。
夫婿轻薄儿,斗鸡事齐主。
黄金买歌笑,用钱不复数。
许史相经过,高门盈四牡。
客舍有儒生,昂藏出邹鲁。
读书三十年,腰下无尺组。
被服圣人教,一生自穷苦。

《偶然作(其五)》牢骚很大,这首诗与《不遇咏》对照着来读,很有

意思。

    北阙献书寝不报，南山种田时不登。
    百人会中身不预，五侯门前心不能。
    身投河朔饮君酒，家在茂陵平安否？
    且共登山复临水，莫问春风动杨柳。
    今人作人多自私，我心不说君应知。
    济人然后拂衣去，肯作徒尔一男儿！

  在"赵女弹箜篌"一诗中，出身高贵的纨绔子弟过着斗鸡走狗、花天酒地的豪奢生活，而皓首穷经的儒生却怀才不遇、生活贫困。

  "黄金买歌笑"一句，使我们想起李白悲愤的呼喊："珠玉买歌笑，糟糠养贤才！"现实的情况就是这样，大概这也是上帝的意旨吧。

  "被服圣人教，一生自穷苦。"这是一个陈述句、疑问句，还是反问句？不管是哪一种，意思都是极明白的：我们听从了孔子的教诲，难道就该一辈子穷困潦倒吗？是的。孟子已经解释过了："生于忧患，死于安乐。""天将降大任于斯人也，必先……"

  《不遇咏》是王维河朔之行受到友人款待，酣饮后一时兴起，乃敞怀抒写心志，牢骚郁积而意气风发，是王维诗中少见的豪放之作。

  诗中说，北阙上书无人理睬，南山种田没有收成，眼看他人得志，唯独自己遭冷落。面对如此境况，怎么办呢？我绝不肯低首下心、哀告乞怜，所以，百人会中、五侯门前我是到不了了。仅此一句，诗人便从精神上在我们面前骤然站立了起来。

  接着写今日之事：来到河朔，足下为我设宴，真是感激涕零。酣饮之际，

猛然想起了也曾怀才不遇的司马相如,他在茂陵可好?正是春风吹动杨柳的季节,且让我们一起登山涉水去,不要为自己的一点挫折而凄凄切切地感伤了。

写到这里,我们以为王维释然了。但是不,他还有更狠的话在后头。

"今人作人多自私,我心不说君应知。"按王维的个性,不到十分激昂,十分酒醉,不会说出如此尖锐猛烈的话来。的确也是这样,三十岁以后,我们从王维集中再也找不出一句如此锋利的话了。

"济人然后拂衣去,肯作徒尔一男儿!"这是大言,也是愤怒。去你妈的,窝囊成这样,枉为男儿!弃官归隐吧,谁他妈要这样!

李白的大言我们是听惯了的,比如"功成拂衣去,摇曳沧洲傍""安能摧眉折腰事权贵,使我不得开心颜",现在我们乍听王维的狂吟,也是既惊且喜,心中作痛。

让我们换一种心情和笔调写下去,讲讲这一时期王维写的几首山水诗和送别诗。

> 屏居淇水上,东野旷无山。
> 日隐桑柘外,河明闾井间。
> 牧童望村去,猎犬随人还。
> 静者亦何事,荆扉乘昼关。
>
> ——《淇上田园即事》

淇上风光如何?非常美。落日的斜晖透过绿树照射过来,滚滚黄河悬在满是人烟的市井旁边。牧童归来了,狗在村巷里叫着。

诗人的心里静静的,定定的,就像风吹过原野,广阔而又遥远。啊,这美

好的一天，就这样过去了，我还是趁天未黑，赶紧关上荆扉吧。

> 相逢方一笑，相送还成泣。
> 祖帐已伤离，荒城复愁入。
> 天寒远山净，日暮长河急。
> 解缆君已遥，望君犹伫立。
>
> ——《淇上送赵仙舟》

这首诗被清人贺裳评为"写得交谊蔼然，千载之下，犹难为怀"，这个评价是不错的，但还不够全面。

那么，这首诗好在哪里呢？首先好在一联佳句："天寒远山净，日暮长河急。"一切景语皆情语。这景语写得实在太好了！天寒，日暮，山清，水长，一切是那么阔大、空旷、凄清、苍凉。然而不，这里汹涌澎湃，极度清晰。黄河那么长，急匆匆要流到哪儿去呢？青山那么远，为何连一点儿尘埃都没有？这是景象，也是诗人的心相，是诗人此时此刻内心世界的写照。好极了！

最重要的是，诗人送别赵仙舟是融入了自己的故事和心情的，不光是在写友情。在诗人最彷徨无助最需要朋友的时候，赵仙舟来了，所以才有"相逢方一笑"。相逢并不久长，心灵的创伤还没有平复呢，感情的温热还未消呢，就要分别，所以才有"相送还成泣"。朋友已离去，一颗失落的心仍然要独自去面对那愁人的荒城。天寒河急，终无所归。这大概是最接近真实的故事。

所以说，这首诗里是有故事的。有故事的人不一定会把故事写在诗里，但一定会把那故事背后的心情留在诗里。

入蜀游

730 年至 733 年，王维闲居长安。此期间，王维曾以布衣的身份游历巴蜀。从其留下来的诗作看，他大致去过大散关、黄牛岭、黄花川等地，也去过巴峡，作有《晓行巴峡》诗。

《青溪》即是王维游蜀时写的杰作。

言入黄花川，每逐青溪水。
随山将万转，趣途无百里。
声喧乱石中，色静深松里。
漾漾泛菱荇，澄澄映葭苇。
我心素已闲，清川澹如此。
请留盘石上，垂钓将已矣！

"草在结它的种子，风在摇它的叶子。我们站着，不说话，就十分美好。"每次读王维的诗，我都有种说不出来的十分美好的感觉。

黄花川是一条青溪，也是诗人的生命之溪、情感之溪、心灵之溪。溪长不足百里，却随着山势千回百转。诗人爱水，尤其爱这曲曲折折奔腾喧嚣的黄花溪水，每每与之游戏、追逐。

溪水在山间乱石中活泼泼地穿过，又在碧绿的松树间静静地流淌，仿佛一切都已静止。菱叶荇菜漂浮在水波上，芦花苇叶倒映在溪水中。这是多么美好！

"清川澹如此，我心素已闲。"更美好的是我的心，一颗淡泊宁静而又与世无争的心，一颗弥漫着生命力而又恬淡安详的心，一颗会心解意而又广大无边的心。

这颗心美好了，这个世界就美好了。

还有一首诗《汉江临泛》，是王维在襄阳时作的。研究者指出，此诗的感情基调与王维"知南选"途经襄阳时突闻孟浩然离世而"哭祭孟浩然"的气氛相悖，应该不是一时所作。

那么，这首诗是什么时候写的？王维究竟几次到过襄阳？从现存史料看，王维可能有两次到过襄阳，一次是"知南选"时途经襄阳，这是比较确切的；一次是730年王维作入蜀游后，东出巴蜀，有可能经汉水、走襄阳返回长安。

如果是730年入蜀游那次，就比较合情合理了。王维作入蜀之游时，一路所写《自大散以往深林密竹蹬道盘曲四五十里至黄牛岭见黄花川》《青溪》《晓行巴峡》等诗，都是轻松愉快的，这就与《汉江临泛》所表现的兴奋心情合上拍了。

不管事实怎样，我们还是先来看看这首诗。

楚塞三湘接，荆门九派通。

江流天地外,山色有无中。

郡邑浮前浦,波澜动远空。

襄阳好风日,留醉与山翁。

——《汉江临泛》

汉江从城中流过,把襄阳城一分为二,这边是襄阳,那边是樊城。

诗人坐在一叶小舟上,眼前天高水阔,而小舟微如尘芥。在他看不见的远方,莽莽楚地由北向南连接到湘水,巍巍荆山由西向东隔阻着长江的九条支流。

在这层峦叠嶂之间,一条汉江从北逶迤而来,在襄阳附近撒欢似的冲入茫茫大荒。

水涨满了四野,极目望去,江流淹没了大地,汹涌到遥远的天边,群山若有若无,更其遥远。

襄阳周遭的城郭,像在眼前漂浮。随着小舟的摇晃,感觉远处的天空似乎都在摇动。

诗人以他特有的观察角度,写出了"临泛"的独特感受,把我们带入了一种宏阔的意境中。

诗人兴致很高,说,待到"好风日",他还要来这里与襄阳太守山简一起"把酒话桑麻"。王维对襄阳风物的喜爱流连,就含蕴在这淡淡的话语里了。

方回评此诗说:"右丞此诗,中两联皆言景,而前联尤壮,足抵孟、杜岳阳之作。"的确,"江流天地外,山色有无中"是千古名句,气象沉雄。

孟浩然《望洞庭湖赠张丞相》云:"气蒸云梦泽,波撼岳阳城。"读此诗,"则洞庭空旷无际,雄壮如在目前"。至读杜子美《登岳阳楼》诗:"吴楚东南坼,乾坤日夜浮。"则"不知少陵胸中,吞几云梦也"。

三　宦游与学禅

chapter 03

开元二十二年（734），王维献诗给张九龄干谒。

随后隐于嵩山，静静等待结果。

王维的干谒诗写得不卑不亢，光明磊落，很有分寸。他不像李白"遍干诸侯，希求援引"，谀人又自炫，言辞激烈；也不像杜甫卑恭而穷愁，急切而执着。

李白一心求"出"，大道如青天，我独不得出；杜甫一心求"入"，葵藿倾太阳，物性固莫夺。王维一心求"归"，他一生都在寻找心灵的归所。

他这种无可无不可的淡定与从容，往往能收到意想不到的结果。

开元二十三年（735），王维受知于张九龄，出任右拾遗。拾遗是言官，官品虽低，却身居要职，"掌供奉讽谏，扈从乘舆"。

他冲容渊雅的个性和不世出的才华，让他再度频繁出入王公贵族之门，参与一些高规格的宴集。

开元二十四年（736），张九龄罢相，李林甫独霸相权。

王维曾写《寄荆州张丞相》一诗，表达了他"终身思旧恩"的衷肠，在当时朝政官员但求自保的高压之下，他表现出了应有的风骨。

开元二十五年（737），王维以监察御史的身份出使河西，这是他一生中第一次出使。

此后还有二次，但皆不及这次对他的影响之大。

为何出使河西？有人说他受到了排挤，有人说他受张九龄罢相牵连，有人说他为了逃避。历史的真相，我们无法还原。但我更愿意相信，王维此次出使，是因为他的冲淡个性和雍容气度，代朝廷劳军，需要这样一位蔼然而不乏清穆之气、见过世面而不飞扬跋扈的儒雅之人。

又或者，此次出使，对王维而言是满足他心中的一个英雄"情结"。

"岂学书生辈，窗间老一经"，尤其在盛唐那样一个青春壮丽的时代，谁不想做一个驰骋疆场的真男儿、大英雄？他像《少年行》中那个少年一样，意气风发，直奔疆场而去。

这次出使，是一次精神的洗礼，是灵魂的激荡，是情怀的飞升。呼吸着边疆的猎猎西风，他胸胆开张，热血沸腾，写下了"千古壮观"的《使至塞上》，写下了"毫端有风雨"声的《观猎行》，写下了"古今第一绝唱"的《出塞作》，写下了雄壮而剑拔弩张的《丛军行》《陇西行》，也为那些边陲老将流下了沉郁的泪。

他站在时代的高度，显示出了博大深沉的英雄情怀和超迈昂扬的精神气度。

如果没有这一次出使,我们怎能知道那蔼然温润的王维,心中蕴藏着如此巨大的能量?怎能知道,一个人的心灵世界所能达到的疆域远非常人所想?

人性是丰富而多面的,每一张平凡的脸孔背后都可能隐藏着一片郁郁生长、独一无二的原野。

在河西幕府,王维受到崔希逸赏识,被辟为幕府节度官。

开元二十六年(738)秋,在河西幕府一年多后,随着崔希逸的改任,王维回到了长安。

开元二十八年(740)秋冬之间,王维以殿中侍御史身份知南选。

知南选之行再次扩大了他的游历范围,开扩了他的眼界和胸襟。但这次知南选之行,最大的收获却是问道临湍驿。

在这里他拜会了南宗慧能的弟子神会。此次会面,对他此后的信仰产生了巨大的影响。此前他受北宗影响甚深,此后他倾膺南宗。

南宗将"空"观发挥到极致,结果连"空"也空去。带来的结果是:由漠视人生转而珍爱人生,由超脱尘世转而不离人世,由四大皆空、六尘俱浊转而为"衣食住行皆是道"。简言之,红尘即道场,道场即红尘。

南宗叫人"无住心""无念想"。因无住心,得以对一切境遇不生忧乐悲喜之情,不起粘着是非之念;因"无念想",得以用相对、变化的观念看待世界,从而消除偏执。

这种任运自如的人生智慧深深影响了王维的人生观,也影响了他的诗歌风貌。这一切,在王维接下来的人生历程和诗歌创作中,很快会一一体现出来。

献诗张九龄

734年秋，王维赴洛阳，献诗张九龄求汲引，随后隐于嵩山。此间，王维写了《归嵩山作》，诗云：

> 清川带长薄，车马去闲闲。
> 流水如有意，暮禽相与还。
> 荒城临古渡，落日满秋山。
> 迢递嵩高下，归来且闭关。

诗人一路向嵩山进发，心情轻松而愉快。清川悠悠，草木丛生，车马闲闲，暮禽归巢。"口头语，说出便佳；眼前景，指出便妙。"前人评此诗的几句话，说得恰到好处。

"荒城临古渡，落日满秋山。"这两句写隐居的环境，也是一等一的写景好文字。"迢递嵩高下，归来且闭关。"这两句看似平淡无奇，实则耐人寻味。为何要强调"关门"的动作呢？难道是有一种不易排解的却在努力排解的烦

恼要让它关在门外？难道是要关住寂寞、孤独与空虚？难道是对过去的一个告别的手势？

我们看到，王维自722年被出济州后，在流血的仕途上曾一度灰心失望，一再想要归隐。但现实又逼着他继续在"尘网"里讨生活。此时的王维已经步入而立之年，在他心中，尚有一丝火苗在燃烧。

所以，他于734年写了一生中最重要的一篇干谒诗——《献始兴公》。他在等待命运的垂青，幸运之神很快就来眷顾他了。

735年，一代明相张九龄擢王维为右拾遗。王维进入生命的黄金时代，这是王维比较得意的时期。

宁栖野树林，宁饮涧水流。
不用坐梁肉，崎岖见王侯。
鄙哉匹夫节，布褐将白头！
任智诚则短，守仁固其优。
侧闻大君子，安问党与仇。
所不卖公器，动为苍生谋。
贱子跪自陈，可为帐下不？
感激有公议，曲私非所求！

——《献始兴公》

张九龄是广东韶关人，诗写得很漂亮，比如"海上生明月，天涯共此时"，谁都会背。

他是开元盛世最后一位名相，先是受到张说提携，后来又得到唐玄宗信

任,于开元二十一年(733)十二月任中书侍郎、同中书门下平章事,开元二十二年(734)五月加中书令,二十三年(735)三月进封始兴县伯。

拜相不到三年,即被唐玄宗弃用。李林甫、杨国忠于是乘隙而起,先后把持国柄,国事遂不可问。

向当朝权贵呈献诗文,在唐代士人中是很普遍的事。《献始兴公》一诗写得光明磊落,声色凛然。一个古人,把干谒诗写成这样,委实不多见。

他说,我宁愿隐居在深林里,喝那泉水,也犯不着为了荣华富贵,而低声下气去干谒王侯。

你看,一个匹夫,没见过世面,这么多张致。

他又说,我就是这样,哪怕当一辈子布衣,也没想改变。若论才智,我没有什么优长;若论仁德,没有人比得上我。听说先生您用人公正无私,不问是同党还是仇人。听说先生您还不卖官鬻爵,所作所为,都是为了天下苍生。那么好吧,请您把我收在您的帐下为百姓效力吧。丑话说在前面,您若出于公正,量才适用,我将万般感激;如果您有所偏私,那不是我想要的。

诗呈给张九龄后,张九龄大人大量,宰相肚里能撑船,对这个年轻人照用不误。年轻人嘛,知识分子嘛,有些血性、尊严,讲究些个气节、操守,话说得大些,就当是知己之言吧。张九龄不愧为贤相,换在今天,你写这样一首赞美诗给你上司看看?

又有《早朝》诗,也写得兴高采烈。

皎洁明星高,苍茫远天曙。
槐雾郁不开,城鸦鸣稍去。
始闻高阁声,莫辨更衣处。

银烛已成行,金门俨骖驭。

天还没亮就要上朝去,也够辛苦的,但是高兴。高烧的银烛一队队地过去,为上朝官员驾车的驭者整齐地排列在宫门之外。诗人看着高兴。

在张九龄的援引下,王维是想干一番事业的,但他究竟有哪些突出的政治业绩,今天已经难以知晓了。

736 年,张九龄被唐玄宗罢相,李林甫继为中书令。737 年,张九龄再贬荆州长史,上任后,张九龄辟孟浩然为荆州从事。此时,王维写了《寄荆州张丞相》一诗,表达了对张九龄深深的怀念。

所思竟何在?怅望深荆门。
举世无相识,终身思旧恩。
方将与农圃,艺植老丘园。
目尽南飞鸟,何由寄一言!

——《寄荆州张丞相》

张九龄在朝廷斗争中失败,被撵出了长安。受知于张九龄的王维十分悲愤,但又无可奈何。

当张九龄寂寞地走向荆州时,王维将肺腑之言和盘托出,寄给了他的恩人。

"举世无相识"是什么意思?并非没有相识,而是王维将张九龄视为此生唯一知音。"终身思旧恩"是什么意思?是说我是永远站在您一边的,绝不会改换门庭,与李林甫辈同流合污。

王维在诗中明确表示，他将弃官归田，远离官场，这固然是一时气话，但也是他的真实想法。虽然王维没有即刻归隐，但自此以后他对政治再也提不起兴趣来。"方将与农圃，艺植老丘园"这两句话是对"终身思旧恩"的具体化。

　　从这首诗我们看到一点，就是王维的人品是杠杠的，他是个懂得感恩的人，是个是非分明的人，绝不是趋炎附势之辈。政治，并未使他丧失人性。

　　王维的诗寄去后，张九龄写了《答王维》一诗回赠，诗云："荆门怜野雁，湘水断飞鸿。知己如相忆，南湖一片风。"有此一诗之复，王维也值得了。

　　王维与张九龄为我们树立了君子之交的典范。

出使河西幕

737 年夏，王维以监察御史身份出使河西，也就是代表朝廷去那里慰问将士。当时的河西节度副大使知节度事是崔希逸，王维到达幕府后，很受崔希逸的重用，兼任了节度判官。可以说，崔希逸对王维是有知遇之恩的。

此时，崔希逸才打过胜仗。是年 3 月，崔希逸自凉州率众入吐蕃界二千余里，在青海西与贼相遇，大破之，斩首二千余级。

王维此行时间较长，行经的路线大致是：长安——泾州（今甘肃平凉）——兰州——凉州（今甘肃武威）。出使塞上，使王维第一次目睹了异域风情，也大大开阔了他的眼界。在此期间，他很写了些慷慨激昂的诗篇，如《使至塞上》《出塞作》《双黄鹄歌送别》《从军行》《陇西行》《陇头吟》《老将行》《观猎》《送岐州源长史归》等等。

《使至塞上》是王维边塞诗的代表作。这首诗就作于王维赴河西途中。

单车欲问边，属国过居延。

征蓬出汉塞，归雁入胡天。

大漠孤烟直，长河落日圆。

萧关逢候骑，都护在燕然。

——《使至塞上》

"单车欲问边，属国过居延。"开门见山直接点出诗人轻车简从要到边塞去访察军情，然而此行路途遥远，要到远在西北边塞的唐朝属地居延去（居延在今甘肃张掖县西北）。"属国过居延"是"过居延属国"的倒文。

"征蓬出汉塞，归雁入胡天。"这里诗人以"蓬""雁"自比，说自己像随风远去的蓬草一样远临"汉塞"，像振翅北飞的"归雁"一样进入"胡天"。"飞蓬"在古诗中多用来比喻漂流在外的游子，诗人用来自比，正是暗写自己远离京城的漂泊之感。"单车""征蓬""归雁"寥寥数字，将诗人出塞万里行程悲壮的心情完全刻画了出来。

"大漠孤烟直，长河落日圆。"这是一句堪称经典的千古绝响，无怪王国维称之为"千古壮观"。诗人抓住出塞途中看到的沙漠中的典型景物进行刻画：荒凉大漠、袅袅孤烟、没有任何树木遮挡而愈显无限悠长的黄河，以及悬在黄河上的浑圆的落日……

关于孤烟，赵殿成是这样注的："庾信诗：'野戍孤烟起。'《埤雅》：'古之烽火，用狼粪，取其烟直而聚，虽风吹之不斜。'或谓边外多回风，其风迅疾，袅烟沙而直上，亲见其景者，始知直字之佳。"据郭培岭先生到甘肃、新疆等地实地考察后确认，"回风"一说是对的。那种回风"袅烟沙而直上"的现象，气象学上叫尘卷风，它是一种夹带尘沙的空气旋涡，总出现在温暖季节晴朗的日子里，尘卷风起时，可以看到有一股尘沙的烟柱如从地上冒出，然后不停地向空中伸展，形成一幅壮观的奇景。

落笔二句"萧关逢候骑,都护在燕然"则恰如一个正待展开的故事,读者还在苦苦期待后续的精彩,却得知故事到此已经结束。诗人平静地告知读者:我到了边塞,却没有遇到最高统帅,塞外的侦察兵告诉我,他正在前线打仗呢。

王维长于写景,这是不争的事实。而"一切景语皆情语",无论是前两句的叙事所用的"单车""征蓬""归雁"几个意象,还是神来之笔的"大漠""孤烟""长河""落日",这些意象呈现的共同美学特征就是——壮美。

边疆大漠的浩瀚无边与荒凉寂寞,刚好衬托出远处烽火台燃起的那一缕浓烟,广阔无边的荒凉中那一缕烟显得格外醒目、格外孤独,此时作者心目中的"烟"已被赋予了人的感情,然而即便是"孤烟",诗人仍以一个"直"字赞美了它的劲拔和坚毅之美。荒凉大漠中草木不生、没有遮挡,横贯其间的黄河,愈发显得长无边际,而原本凄清苍凉的落日却被诗人以一个"圆"字赋予了暖意和温情。诗人处处写景而又处处留情,将自己的满腔情绪巧妙融入了所描写的情境中。

评论家说,此诗一改边塞诗"捕风捉影"的创作常态,突如其来地给人一种极具震撼力的现场感,这就是"大漠孤烟直,长河落日圆"留给我们的难以磨灭的印象。

下面这首《出塞作》,历代论者评价甚高,方东树说得最痛快:"此是古今第一绝唱!"

居延城外猎天骄,白草连天野火烧。
暮云空碛时驱马,秋日平原好射雕。
护羌校尉朝乘障,破虏将军夜渡辽。

　　玉靶角弓珠勒马,汉家将赐霍嫖姚。

——《出塞作》

　　何以如此呢?

　　先看结构,金圣叹说:"前解(前四句)写天骄是真正天骄,后解(后四句)写边镇是真正边镇。"方东树说:"前四句目验天骄之盛,后四句侈陈中国之武,写得兴高采烈,如火如锦。"结构既已清楚,字句读起来其实并无困难。

　　再看文句。《汉书·匈奴传》说:"胡者,天之骄子也。"暮云野火,白草黄沙,茫茫大漠之上,匈奴又在驱马射雕。他们想干什么?名为校猎,实际上是犯我边疆。这情势就有点紧张了,但是写得煞是好看,煞是轻松。看我大唐如何应对?护羌校尉登上城堡,破虏将军夜间驰援,他们有疾驰的骏马,精良的武器,谈笑间,强虏已经灰飞烟灭。前面把匈奴的射猎写得像战争,这里却把我皇皇大唐的防御战写得像射猎,真是有趣得紧。

　　最后看描写。这首诗的一个显著特点就是通篇没有一句废话、没有一个赘字,全篇每一句每一字都是实实在在的形象描写。但就在这看似客观的描写中,作者的主观倾向却透过对比明白无误地表现了出来。中国诗的妙处和作者的功力就这样淋漓尽致地展现了出来。

　　《从军行》和《陇西行》是用乐府古题写的边塞诗,都写得雄壮而又紧张。

　　　　吹角动行人,喧喧行人起。
　　　　笳悲马嘶乱,争渡金河水。

> 日暮沙漠陲，战声烟尘里。
>
> 尽系名王颈，归来报天子。

——《从军行》

《从军行》写一次出征，一次规模不大的战事。

军号催动出征之人，队伍集结时一片喧闹，一副兵荒马乱的样子。

笳声悲壮，马鸣萧萧，空气中凝结着紧张。

但不管怎样，部队是勇往直前的，战士争着渡过金河向敌人扑去。

从早晨出发到黄昏日落，战争一直在远处的沙漠中进行，金戈铁马之声淹没在烟尘之中。

诗人遥望着、谛听着，而打胜这一仗，抓住敌酋，献给天子，是他们共同的心声。

> 十里一走马，五里一扬鞭。
>
> 都护军书至，匈奴围酒泉。
>
> 关山正飞雪，烽戍断无烟。

——《陇西行》

熟读《陇西行》，方知其是好诗。这样的好诗，没有实地感受是写不出来的。这样的好诗，在恒河沙数的中国边塞诗中，也是一朵奇葩。这样的好诗，即使在王维的边塞诗集中，也是翘楚。

这首诗仅六句，六句的正常顺序应是："都护军书至，匈奴围酒泉。十里一走马，五里一扬鞭。关山正飞雪，烽戍断无烟。"但诗人偏偏要来个"倒戟而入"，让你一上来就看到一幅恢宏的画面，犹如宽银幕电影上一马飞驰的长

081

镜头,这个形象几乎占据了你心灵的全部。

诗的第二联是事件的缘起——匈奴大军围攻酒泉,守卫西域的最高长官发出了紧急调兵驰援的命令。但这命令没法送达,只能以快马驰报,所以才有"十里一走马,五里一扬鞭"的情景。然后是广阔的背景和渐渐变得渺小的飞驰的骏马,万里关山,漫天飞雪,飞驰的传令兵伏在马上掠过一个又一个烽戍,作为陪衬的是本该点起狼烟的烽火台,在铺天盖地的大雪中竟一点动静也没有。

读到这里,你想到了什么?看到了什么?感受到了什么?你可知道什么是战争?什么是残酷?什么是十万火急?

《陇头吟》和《老将行》都是为老将鸣不平,全诗的感情基调一变而为沉郁悲怆。

> 长安少年游侠客,夜上戍楼看太白。
> 陇头明月迥临关,陇上行人夜吹笛。
> 关西老将不胜愁,驻马听之双泪流。
> 身经大小百余战,麾下偏裨万户侯。
> 苏武才为典属国,节旄落尽海西头!
>
> ——《陇头吟》

《陇头吟》选取陇关这样一个边防要塞作为背景,巧妙地将"长安少年"和"关西老将"联系在一起,通过少年戍楼观象、月夜吹笛、老将驻马流涕三个细节,反映出少年立功心切、跃跃欲试的此在状态,引发关西老将对自己当年状态的追忆与痛悔,从而鲜明地揭示出朝廷刻薄寡恩和边疆战士命运悲惨

的社会不公现象。

现如今老将垂垂老矣，他也曾身经百战，拼死杀敌，他麾下的偏裨末将都有封了万户侯的，可他却功名全无，仍在戍边，这是何等的不公平！

老将怎样排解心头苦闷呢？他拿苏武来比，苏武牧羊北海十九年不改汉节，可谓艰苦卓绝，回国后也不过封了个典属国的官，那么自己连苏武的待遇都得不到，又有什么奇怪？

然而，关西老将的今天何尝不是长安少年的明天？想到这里，关西老将忍不住泪流满面了。事实上，戍守边塞的绝大多数人，难道不都是这同一的命运吗？陇头的一轮明月照彻古今，它不是把一切都看得清清楚楚吗？

少年十五二十时，步行夺得胡马骑。
射杀中山白额虎，肯数邺下黄须儿！
一身转战三千里，一剑曾当百万师。
汉兵奋迅如霹雳，虏骑崩腾畏蒺藜。
卫青不败由天幸，李广无功缘数奇。
自从弃置便衰朽，世事蹉跎成白首。
昔时飞箭无全目，今日垂杨生左肘。
路旁时卖故侯瓜，门前学种先生柳。
苍茫古木连穷巷，寥落寒山对虚牖。
誓令疏勒出飞泉，不似颍川空使酒。
贺兰山下阵如云，羽檄交驰日夕闻。
节使三河募年少，诏书五道出将军。
试拂铁衣如雪色，聊持宝剑动星文。
愿得燕弓射大将，耻令越甲鸣吾君。

　　莫嫌旧日云中守,犹堪一战立功勋!

——《老将行》

　　《老将行》采用叙事手法细细勾勒老将的内心世界,诗的最后写到老将遭弃置"白了少年头"后,犹思重上前线杀敌报国的壮志豪情,非常动人。

　　在王维所有的边塞诗中,后人评价最高的是《观猎》。诗云:

　　风劲角弓鸣,将军猎渭城。
　　草枯鹰眼疾,雪尽马蹄轻。
　　忽过新丰市,还归细柳营。
　　回看射雕处,千里暮云平。

　　清人沈德潜称此诗为"律诗正体",说它"神完气足,章法、句法、字法俱臻绝顶"。有趣的是,喜欢作比较的诗评家们常常把这首诗拿来跟韩愈的《雉带箭》对照。

　　两首诗都是写围猎。围猎者是将军和他的军队,武器是箭和鹰,还有火,围猎的对象则是一只大雕和一只野鸡。

　　原头火烧静兀兀,野雉畏鹰出复没。
　　将军欲以巧伏人,盘马弯弓惜不发。
　　地形渐窄观者多,雉惊弓满劲箭加。
　　冲人决起百余尺,红翎白镞随倾斜。
　　将军仰笑军吏贺,五色离披马前堕。

——韩愈《雉带箭》

骆玉明对此诗的解读相当精准到位,他说:"如此不相称的力量对比,作者却要写出力与力的冲突,巧妙在于他把所有的力量凝聚到最后的瞬间。前六句即全诗的大部分用来写'蓄力'的过程:先是烧围,火无声地从四面烧向围场中心,被猎者——那只野鸡在猎鹰的威慑下惊惶地起伏于草丛,将军骑马持弓,盘旋周侧,等待时机。火场已经收拢,观猎者心情变得紧张,箭也到了弦上,野鸡将要作出拼命的挣扎,所有的力量,包括情绪的肌体的器械的,都在等待爆发,于是最后的瞬间来临了——雉冲天而起,直上百尺,箭飞进跟击,箭雉交加,欢声四起,而此刻,五彩斑斓的野鸡带着箭和血坠落在将军马前。诗的画面凝止于此刻,不加半句废话来减弱诗的紧张。"

更重要的是,骆玉明说:"也许有一种心理因素从未被人揭露出来:这诗以高度的紧张和紧张的宣泄满足了人心深处所渴望的杀戮快感。尽管,这只是杀一只野鸡,却是一场强大的、决绝的、雷霆万钧的杀戮。"

王维的《观猎》掩盖和升华了杀戮快感,而突出了力量之美、气势之美、胜利之美。

诗一开头就是个倒装句,正常的顺序应是"将军猎渭城,风劲角弓鸣"。现在倒说,把猎场风色和频频的箭响以先声夺人之势凸显出来了。

三四句是猎场全景。在一片枯草残雪的广漠之中,猎鹰在盘旋猛扑,军队在纵横驰骋。一切都在蓄势待发。"草枯鹰眼疾,雪尽马蹄轻"这两句都妙用了因果句式。因为草枯,猎物无处藏身,便觉得鹰眼更为锐利;因为雪尽,马奔驰时便少粘滞,更觉轻快。景物之间因果关系的表现丰富了诗意的内涵,又使诗句更加凝练紧凑。

王夫之尤其欣赏后四句,说是"后四语奇笔写生,毫端有风雨声"。

你看,这支军队刚才还在广漠的猎场呢,一忽儿功夫已旋风般地掠过新丰,回到了军营。速度就是力量,这飓风般的力量使人胆寒。何况他的主帅是跟周亚夫一样治军严明的人物,这样的军队何往而不胜呢?

最后是一个立马千山的镜头。当大队人马风驰电掣地拥入军营之时,就在进入营门的一刹那,主帅很自然地勒马回望,只见猎场上空,也就是刚才开弓射雕的地方,现在是一片长长的暮云,太阳正在庄严地下沉……这个镜头使我们对于将军的从容气度和宽广胸襟遐想无穷。

738年夏,王维自河西返回长安。此时,崔希逸已转任河南尹,不久殁于官所。这样算起来,王维在崔希逸幕中的时间应是737年夏至738年夏,前后仅一年左右,但这段经历对王维来说是难忘的、愉快的。

回到长安后,王维写了《送岐州源长史归》一诗,诗题下自注云:"源与余同在崔常侍幕中,时常侍已殁。"王维说得很清楚,源长史和他是同僚,曾同在崔希逸幕中任职。如今,源长史将去岐州,所以写了这首诗为他送别。

> 握手一相送,心悲安可论?
> 秋风正萧索,客散孟尝门。
> 故驿通槐里,长亭下槿原。
> 征西旧旌节,从此向河源。
>
> ——《送岐州源长史归》

既然是同僚,既然有过共同的生活、共同的记忆,那送别何妨说说过去岁月里这段珍贵的记忆?

"握手一相送"比较特别,这个握手可不是我们今天礼节性的握手。古人

礼节，应该是拱手作揖，这里王维与源长史竟至于都不愿走，那肯定是有满腹悲凄和嘱托了。

"秋风正萧索，客散孟尝门。"这是写崔希逸卒后，幕中僚属已经四散。王维以孟尝君称崔希逸，那是很富有感情的。

"故驿通槐里，长亭下槿原。"是写行程，槐里、槿原都是源长史自长安赴岐州途中必经之地。

最后两句"征西旧旌节，从此向河源"，是说崔希逸卒后，河西之军将远征河源，这意味着河西边策将发生变化。诗人此刻还时时关心着，那是在系念着他的主人和恩人啊。

所以说，在这首诗中，不仅表现了朋友别离的伤感，还流露出作者对崔希逸的哀挽怀念之意，诗中所蕴含的感情是深厚而复杂的。

哭祭孟浩然

提到孟浩然这个名字,那是光彩熠熠的。

世上的人,没有几个是李白瞧得上眼的,但他对孟浩然简直是迷恋:"吾爱孟夫子,风流天下闻。红颜弃轩冕,白首卧松云。醉月频中圣,迷花不事君。高山安可仰,徒此揖清芬。"

他的诗写得真漂亮,比如《春晓》:

春眠不觉晓,处处闻啼鸟。
夜来风雨声,花落知多少。

——孟浩然《春晓》

春天是贪睡的季节,懒洋洋睡到十分满足,那将醒未醒的朦胧状态,真的很惬意。

听见鸟儿叫得欢,心里顿时很开心,知道这是一个晴天,是赏玩春色的好时光——突然就想到:昨儿一夜可是风雨不止呢,花儿恐怕凋谢了不少吧。

就是一忽儿的思绪，潜意识的，蒙太奇似的，被诗人精准地捕捉到了。

"处处闻啼鸟"的欢喜之情，是跟"夜来风雨声"连在一起的，而"花落知多少"的担忧，也不是醒来那一刻才产生的，它是昨夜的心情，在睡梦中被忘了，醒来时又忽然浮到心头。而这一切，都是发生在"春眠不觉晓"的特殊条件下，是一个朦胧瞬间的活跃心情。然而，这一切却被诗人捉住了，融化了，写活了。

王维和孟浩然是同时代人，孟浩然长王维12岁。两人的交情不浅，故事很多。前面已经讲了一些，后面还会继续讲。

在诗歌史上，王维与孟浩然合称"王孟"，都是盛唐时代山水田园诗派的代表人物。两人山水诗的成就都很高，个性都很突出。王维的山水诗多写无我之境，人受自然支配，审美的感受完全融化于自然之中。孟浩然的山水诗多写有我之境，自然为我所用，审美的爱赏都取决于我。王维是写客观自然，把自己消融了。孟浩然笔下的自然是随他选择、随他评价的。这是一个主要的区别。

有一个有趣又好玩的问题，孟浩然在唐代诗坛可以排第几？

武汉大学王兆鹏教授用定量分析的方法，确定了唐代十大诗人排名榜：杜甫第一，李白第二，王维第三；接下来依次是李商隐、杜牧、王昌龄、孟浩然、刘禹锡、白居易和岑参。在这个学术版唐代诗人排行榜中，孟浩然位居第七。

古话说得好：文无第一，武无第二。因此，要想得到一个完全一致的唐代诗人排行榜，绝无可能。我一向认为，凡有所好，皆自性格中来。性情相近，妙赏独多。因此，纯粹从个人喜好的角度出发，自个儿在心里替唐代诗人排个先后，比较好玩儿。

以下就是我排定的唐代诗人排行榜：李白第一，杜甫第二，李商隐第三，王维第四，白居易第五，杜牧第六。上述6人，无疑是唐代诗国里最耀眼的巨星，代表着唐代诗歌的最高成就。他们是诗人中的诗人，是把自己的生命全部献给了诗歌的诗人，民间分别为他们上尊号如下：李白"诗仙"，杜甫"诗圣"，李商隐"诗神"，王维"诗佛"，白居易"诗魔"，杜牧"诗逸"。"诗神"的尊号是我替李商隐加上去的，大概能够代表大多数人的看法。希腊神话中有一位女性诗神——缪斯，中国虽然没有这样一位女神，但让李商隐这样一位深于情、专于情，在诗歌史上开创性地大量地用迷离惝恍的意象来描写内心世界的诗人来当诗神，怕也是说得过去的。"诗逸"的尊号也是我替杜牧加上去的。"诗逸"的意思，一方面是指杜牧的诗歌超过一般、超凡脱俗，另一方面也指杜牧的私生活放荡、个性风流潇洒。以上6人之外，其他人大概都要降一等，只宜简明扼要地称之为诗"人"了。

让我们另起一行，排定稍次一点的诗人，依时间顺序排列如下：王勃、孟浩然、王昌龄、王之涣、崔颢、高适、岑参、韦应物、张继、刘禹锡、李贺、元稹，共12人。这些诗人，即使放在整个中国诗歌史上来考量，也是第一流的诗人。

我是喜欢孟浩然的诗的，但孟浩然的诗的丰富性不够，所以我把他排到了超一流诗人之外。

开元十七年（729）春，孟浩然已经40岁了，才第一次赴长安应试，但落第了。

滞留京师期间，他曾想向权贵呈献诗文，以期求得汲引。他希望得到王维的帮助，但王维此时已经弃官，无力帮助他。是年冬，孟浩然在极度失望中打算还乡，行前写了这首诗给王维。

> 寂寂竟何待，朝朝空自归。
> 欲寻芳草去，惜与故人违。
> 当路谁相假？知音世所稀！
> 只应守索寞，还掩故园扉。
>
> ——孟浩然《留别王维》

诗的大意是说，自从落第之后，我就在投谒无门中打发日子，我已厌烦了，准备打道回府去。朝中的当权者谁是我的知音，谁又肯拉我一把？算了吧，还是回到故园，关起门来，安顿好自己的心灵。

面对世态炎凉，孟浩然细细咀嚼着心中的悲酸，越咀嚼越是痛。

阮籍的穷途之哭，杜甫的山河破碎之泪，李商隐的迷离惝恍之思，哪一个音符不是从诗人的肺腑中涌出？

诗有多种，诗人亦有多种。真正的诗人，是把命运完全交付出去的那一种。

尼采说："一切文学，余爱以血书者。"真正的文学应该是这样的。因此，纯粹个人化的小小悲伤并不是文学或诗，能够把这个悲伤普遍化、深入到生命中去的东西，才是真的文学、真的诗。

王维读了孟浩然的诗后，写了《送孟六归襄阳》。

> 杜门不欲出，久与世情疏。
> 以此为长策，劝君归旧庐。
> 醉歌田舍酒，笑读古人书。

　　好是一生事，无劳献子虚。

　　这诗写得很直接，很干脆，很通达，很美。王维直言不讳地劝孟浩然回乡去，不要再在仕途的窄径上碰壁了。所以他把归田说得如何如何的好，说是"醉歌田舍酒，笑读古人书"，天地很宽，自由自在。

　　找遍王维诗集，真没有这样说话的。这哪里像个朋友？送别哪有这样说话的？简直匪夷所思。但这是很真诚的忠告。

　　孟浩然像李白一样，在政治才能上自视甚高，实则不是当官的料。你看孟浩然这诗写得灰溜溜的，通篇怨天尤人，哭哭啼啼，一副受不得委屈的样子，有什么格调？联想到第一章《少年行》里讲的那则野史逸闻，可以判断孟浩然是不适宜在官场上混的。

　　通天的路，哪有一条是直的？

　　横贯中国北方大地的黄河，纵横五千四百多公里，九曲十八弯，最终奔向大海。

　　人生的道路，必然是曲曲折折、坎坎坷坷、磕磕碰碰，真没有一处是顺溜的。走人生的长途，完全没有必要灰心失望、牢骚满腹，也没有必要不到黄河心不死、一条道走到黑。停顿一下，迂回一下，转个弯，绕过去，往往又是一片新天地。

　　迂回并非倒退，而是前进中的必然。柳永这位仁兄就很有意思，不仅他的才华让人肃然起敬，他对于人生的态度更是让我佩服得五体投地。

　　有一首《鹤冲天》词，是他的宣言，写得才气横溢，颇耐读。

　　　　黄金榜上，偶失龙头望。明代暂遗贤，如何向。未遂风云便，争不恣

狂荡。何需论得丧？才子词人，自是白衣卿相。

　　烟花巷陌，依约丹青屏障。幸有意中人，堪寻访。且恁偎红翠，风流事、平生畅。青春都一晌。忍把浮名，换了浅斟低唱。

据说柳永考进士时，宋仁宗硬是把他的名字给勾掉了，说："且去浅斟低唱，何要浮名？"这位仁兄倒也潇洒，索性自称"奉旨填词柳三变"。这位仁兄真是冰雪聪明，反正青春都一晌，哪样是好，哪样是不好，开心就好。

他背上诗囊和画笔，从此混迹于市井青楼，专为歌儿舞女写作歌辞，以至"凡有井水饮处，皆可歌柳词"。

相传他死在僧舍，是一群歌伎集资埋葬了他。

又过了十一年，开元二十八年（740），王维40岁了，升任殿中侍御史。

这年冬天，他接受了一项新的任命——到桂州（今广西桂林）"知南选"。

"南选"是唐朝选官制度的一项重要内容。初唐时，全国大规模的官吏铨选都在京师进行。唐太宗时，感觉不太方便，于是将洛阳以东的地方官员都集中到洛阳，朝廷派大臣前去办理，称作"东选"。唐高宗时，朝廷又在岭南的桂州治所增设了一个铨选官员的机构，岭南、黔中以及江南、淮南、福建地区的地方官员都先后划归到这里，称作"南选"。王维此行，就是以监察御史兼补选使的身份前去执行督察之责的。

王维此行路线大概是这样的，自长安经襄阳、郢州（治所在今湖北钟祥）、夏口，再到岭南。

正好在这一年，王昌龄去襄阳拜访孟浩然，两人相见甚欢。孟浩然此时已患痈疽，郎中嘱咐他千万不可吃鱼鲜。

孟浩然与王昌龄老友相聚，少不了设宴款待。宴席上有一道襄阳人宴客时

必备的美味佳肴——汉江中的特产查头鳊。高兴过头的孟浩然见到鲜鱼,不禁食欲大动,忘乎所以,以至于发疾而逝。

等到王维兴冲冲地从长安来到襄阳,孟浩然已经故去了。王维乃赋诗哭之。

故人不可见,汉水日东流。
借问襄阳老,江山空蔡洲。

——《哭孟浩然》

诗云:汉水还在日夜奔流啊,人不在了啊!水中的小洲还在那里矗立啊,人不在了啊!襄阳的父老乡亲啊,我到哪里去寻他呢!孟浩然不在了啊,天地间没人了啊!襄阳没人了啊!

"故人不可见",这是事实,令人痛心,但却不能不承认、不得不接受。"汉水日东流",这是写景,又不是写景,汉水浩瀚无尽、滔滔不绝,像极了此刻我为你流下的汹涌泪水。

然而,孟浩然是不朽的,不仅他的诗歌是不朽的,他们的友情也是不朽的。就像他生前常爱登临的蔡洲一样,孟浩然将与江山共存而不朽。实际上,江山之"空",也是时空之空、未来之空、感情之空。

知南选之行

办完"南选"事务后,王维一路吟诗游历,一路过寺访僧,直到第二年春天才返回长安。

王维这次返回长安所走的路线是这样的:自桂州历湖湘抵长江,而后沿江东下,经庐山至润州,再循邗沟、汴水、黄河归长安。

游历,对于一个诗人来说是极其重要的,读万卷书不如行万里路。我们可以大致梳理一下王维一生足迹所到之处:十五岁离家赴长安,二十一岁被贬济州,三十岁作入蜀游,三十七岁赴河西,四十岁知南选。这五次主要的经历勾勒了王维一生活动的大致地理空间,在某种程度上也丈量了他所能达到的视野宽度。那么,这个空间有多大呢?应该说很大很大。首先,长安和洛阳是他一生活动的中心;其次,整个黄河流域是他活动的主要地域,被出济州给他带来了第一个机会,让他沿着黄河走过了河南、安徽以及山东等地,在济州期间,他又到过河北清河县以及周边地区;第三,入蜀游是他扩大眼界的自主行动,此行他越过秦岭,经过宝鸡、汉中,到达成都、梓州(今绵阳)、渝州(今重庆),后沿长江东下荆襄,再返长安;第四,出使河西使王维第一次亲历了戈壁大漠，见识了异域风情，据推测，出使河西路线为：长安——泾州（今甘肃平凉）——兰州——凉州（今甘肃武威）；第五，"知南选"之行王维到过的地域就更加广泛了，远至广西桂林、广东、福建等地，返回长安途中又历经江浙淮湘，几乎走遍了大半个中国。

经过庐山时，王维写了《登辨觉寺》一诗：

> 竹径连初地，莲峰出化城。
> 窗中三楚尽，林上九江平。
> 软草承跌坐，长松响梵声。
> 空居法云外，观世得无生。

初地即欢喜地，为菩萨修行的十个阶位中的第一个阶位。《华严经·十地品》："今明初地义，是初菩萨地，名之为欢喜。"

化城也是佛家语，是佛一时化出之城郭。《法华经·化城喻品》说，佛想要使一切众生皆得佛果，但是要达到这个境界，道路悠远险恶，众生难免畏难退却，所以佛在中途化出一个城郭，使众生暂得休息。等到众生精力恢复后，佛即灭去化城，劝谕众生继续前行，以达涅槃彼岸。

诗人来到辨觉寺，心生欢喜。两旁的竹径连接着佛寺下方的第一级台阶，远方的莲花峰和眼前的佛寺殿宇犹如化城一般，让人惊喜莫名。站在辨觉寺上、莲花峰前，可以览尽三楚大地、九派长江。诗人看到，僧人们结跏趺坐于软草之上，长松间回荡着他们的诵经之声。他们远离红尘，修习佛法，以此来观察人世，破除了生灭的烦恼。

王维写过不少游历寺庙、交往僧人的诗，在这些诗中，出现了不少佛家

语,但是一点也不枯燥。比如这首诗中的"初地""化城""跌坐""梵声""空""法云""观世""无生"等,化用得多么巧妙、干净!

更重要的是,在这首诗中,宗教的体验和审美的体验沟通融合得一点痕迹也没有。你说这是一首意境优美、含蕴深邃的山水诗呢,还是一首表现对生命意义的终极追问和终极关怀的宗教诗?读了这首诗,你会感觉到那么一丝神秘、优美和愉悦。试问,这是禅的,还是诗的?

741年春,王维经过润州江宁县(今南京市)瓦官寺,顺道拜谒了璿(xuán,同"璇")禅师。乃作《谒璿上人》,诗云:

少年不足言,识道年已长。事往安可悔?余生幸能养。
誓从断荤血,不复婴世网。浮名寄缨佩,空性无羁鞅。
夙承大导师,焚香此瞻仰。颓然居一室,覆载纷万象。
高柳早莺啼,长廊春雨响。床下阮家屐,窗前筇竹杖。
方将见身云,陋彼示天壤。一心在法要,愿以无生奖。

清人评论说,"'识道年已长',真过来人语。"此时的王维,已像成熟的麦穗,低垂着头。

你看他写起高深的禅理来也是这么声情并茂,并不用艰深难懂的佛家语或学术体。

诗前有小序,扼要地说明了璿禅师的思想并加以赞颂:"上人外人内天,不定不乱。舍法而渊泊,无心而云动。色空无得,不物物也;默语无际,不言言也,故吾徒得神交焉。玄关大启,德海群泳。时雨既降,春物具美。序于诗者,人百其言。""人百其言"的意思是,序里的这些话只是人们所言的百分之一而已。

问道临湍驿

745年,王维升为侍御史。是年,王维受命出使,在南阳郡临湍驿中与神会和尚晤谈,问何为修道事。

这件事对于王维的思想和创作两方面关系都甚大,敦煌写本《荷泽神会禅师语录》详细记载了这次相遇,非常精彩:

门人刘相倩云,于南阳郡,见侍御史王维,在临湍驿中,屈神会和上及同寺僧惠澄禅师,语经数日。于时王侍御问和尚言:"若为修道得解脱?"答曰:"众生本自心净,若更欲起心有修,即是妄心,不可得解脱。"王侍御惊愕云:"大奇!曾闻大德,皆未有作如此说。"乃为寇太守、张别驾、袁司马等曰:"此南阳郡有好大德,有佛法甚不可思议。"

这样的奇遇,使人感到神会禅师似乎早就在冥冥之中等待着他了。

王维之所以在听到神会的这一番高论后甚觉惊奇,乃是因为他以前所接触到的、所信奉的乃是北宗神秀的教义。而这个"甚不可思议"的佛法,则是

由南宗慧能大师所开创的明心见性、直达本心的顿悟法门。

神会所说"众生本自心净"云云，大意是：人人心中本来都具有真如佛性，只要自识本心，自见本性，刹那间即可得到解脱，何需修习；若不能自悟，则累劫修行，亦不得解脱。

这真是醍醐灌顶，王维的世界观再一次被冲得七零八落了。

但王维毕竟是智慧圆通的，一如维摩诘居士一样。他与神会、惠澄论道数日之后，终于心领神会，衷心服膺，从此把南宗思想纳入了自己的思想体系。这就像咀嚼食物一样，经过消化，成为自己的东西了。

王维与神会的故事到这里还没有完。神会深知王维是当时上层官员和士大夫阶层中最虔诚于佛的人，不仅文采出众，而且精通佛理，于是恳请王维为其师慧能禅师撰写一篇碑铭，这就是《能禅师碑并序》。

> 无有可舍，是达有源；无空可住，是知空本。离寂非动，乘化用常。在百法而无得，周万物而不殆。鼓枻海师，不知菩提之行；散花天女，能变声闻之身。则知法本不生，因心起见；见无可取，法则常如。世之至人，有证于此，得无漏不尽漏，度有为非无为者，其惟我曹溪禅师乎！
>
> 禅师俗姓卢氏，某郡某县人也。名是虚假，不生族姓之家；法无中边，不居华夏之地。善习表于儿戏，利根发于童心。不私其身，臭味于耕桑之侣；苟适其道，膻行于蛮陌之乡。年若干，事黄梅忍大师。愿竭其力，即安于井臼；素刳其心，获悟于稊稗。每大师登座，学众盈庭，中有三乘之根，共听一音之法。禅师默然受教，曾不起予，退省其私，迥超无我。其有犹怀渴鹿之想，尚求飞鸟之迹，香饭未消，弊衣仍覆，皆曰升堂入室。测海窥天，谓得黄帝之珠，堪受法王之印。大师心知独得，谦而不

鸣。天何言哉，圣与仁岂敢；子曰："赐也，吾与汝弗如。"临终，遂密授以祖师袈裟，而谓之曰："物忌独贤，人恶出己。吾且死矣，汝其行乎！"

禅师遂怀宝迷邦，销声异域。众生为净土，杂居止于编人；世事是度门，混农商于劳侣，如此积十六载。南海有印宗法师，讲《涅槃经》。禅师听于座下，因问大义，质以真乘，既不能酬，翻从请益。乃叹曰："化身菩萨，在此色身；肉眼凡夫，愿开慧眼。"遂领徒属，尽诣禅居，奉为挂衣，亲自削发。于是大兴法雨，普洒客尘。乃教人以忍，曰："忍者，无生方得，无我始成，于初发心，以为教首。"至于定无所入，慧无所依，大身过于十方，本觉超于三世。根尘不灭，非色灭空；行愿无成，即凡成圣。举足下足，长在道场；是心是情，同归性海。商人告倦，自息化城；穷子无疑，直开宝藏。其有不植德本，难入顿门，妄系空花之狂，曾非慧日之咎。常叹曰："七宝布施，等恒河沙；亿劫修行，尽大地墨。不如无为之运，无碍之慈，弘济四生，大庇三有。"

既而道德遍覆，名声普闻。泉馆卉服之人，去圣历劫；涂身穿耳之国，航海穷年，皆愿拭目于龙象之姿，忘身于鲸鲵之口，骈立于户外，跌坐于床前。林是栴檀，更无杂树；花惟薝卜，不嗅余香。皆以实归，多离妄执。九重延想，万里驰诚，思布发以奉迎，愿叉手而作礼。则天太后，孝和皇帝，并敕书劝谕，征赴京城。禅师子牟之心，敢忘凤阙；远公之足，不过虎溪。固以此辞，竟不奉诏。遂送百衲袈裟及钱帛等供养。天王厚礼，献玉衣于幻人；女后宿因，施金钱于化佛。尚德贵物，异代同符。至某载月日中，忽谓门人曰："吾将行矣！"俄而异香满室，白虹属地。饭食讫而敷坐，沐浴毕而更衣。弹指不留，水流灯焰；金身永谢，薪尽火灭。山崩川竭，鸟哭猿啼。诸人唱言，人无眼目；列郡恸哭，世且空虚。

某月日，迁神于曹溪，安座于某所。择吉祥之地，不待青乌；变功德之林，皆成白鹤。

呜呼！大师至性淳一，天姿贞素，百福成相，众妙会心。经行宴息，皆在正受；谈笑语言，曾无戏论。故能五天重迹，百越稽首。修蛇雄虺，毒螫之气销；跳殳弯弓，猜悍之风变。畋渔悉罢，蛊鸩知非。多绝膻腥，效桑门之食；悉弃罟网，袭稻田之衣。永惟浮图之法，实助皇王之化。弟子曰神会，遇师于晚景，闻道于中年，广量出于凡心，利智逾于宿学，虽末后供，乐最上乘。先师所明，有类献珠之愿；世人未识，犹多抱玉之悲。谓余知道，以颂见托。偈曰：

五蕴本空，六尘非有，众生倒计，不知正受。
莲花承足，杨枝生肘，苟离身心，孰为休咎！
至人达观，与物齐功，无心舍有，何处依空？
不着三界，徒劳八风，以兹利智，遂与宗通。
愍彼偏方，不闻正法，俯同恶类，将兴善业。
教忍断嗔，修慈舍猎。世界一花，祖宗六叶。
大开宝藏，明示衣珠，本源常在，妄辙遂殊。
过动不动，离俱不俱，吾道如是，道岂在吾！
道遍四生，常依六趣，有漏圣智，无义章句。
六十二种，一百八喻，悉无所得，应如是往。

这篇文章非常重要，是目前所能见到的最早的有关慧能禅师的史料文字，而且慧能禅师事迹乃神会亲授，可信性很高。文章清晰而又简练地记述了慧能禅师的一生，全面而又精辟地反映了慧能的基本思想。

慧能禅师出身微贱，地处边缘，但并不影响其求法之心。24岁那年，慧能禅师到黄梅东山参谒五祖弘忍。弘忍问他:"汝何方人?来此山礼拜我,你想向我求什么呢?"慧能回答:"弟子是岭南人,平民百姓一个,我远道而来,什么也不求,只求佛法。"弘忍责备说:"汝是岭南人,又是獦獠,哪堪作佛!"慧能回答:"人分南北,佛性无南北,獦獠身与和尚不同,佛性有何差别!"弘忍知其能忍,就派他到碓房踏碓。据说因杵重,慧能压不起来,不得不在腰间系上一块石头,情状十分艰辛。为了学法成佛,他甘愿受这份辛苦。慧能得法后,恐遭同门加害,遂遵弘忍大师告诫,远遁深藏十六年之久。直到在南海遇印宗法师讲《涅槃经》,才正式登坛讲法。其艰难困苦,隐忍磨砺,非常人可以忍受。

那么,慧能以及禅宗的核心思想是什么呢?以下四点是比较明显的:道由心悟,顿悟成佛,教人以忍,无生无灭。

以神秀为首的北宗禅主张趺坐、静修、渐悟,以慧能为首的南宗禅主张不立佛寺,不趺坐静修,而主张顿悟。顿悟与渐悟,是南宗禅与北宗禅的主要区别之一,这也是南宗禅之所以称为"顿教"的原因。

慧能认为,世间万物皆为无生,因为无生,自然也就无灭了。这也是南宗与北宗的区别。这种思想在王维的思想中扎根很深,以至王维在诗中一再地说"空居法云外,观世得无生""忆昔君在时,问我学无生""安知不来往,翻以得无生""一心在法要,愿以无生奖""欲知除老病,唯有学无生"。

"忍"者,一是忍耐,身处逆境而不起怨嗔之心,二是安忍,安住于道理而不动心。王维也接受了佛教"忍"的哲学,这主要表现在他的处世哲学上。张九龄罢相后,李林甫执政专权。王维此时在朝为官,真能以忍耐处世,把青壮年时期那种英姿勃发、颇有侠气的性格完全抛弃了,前后判若两人。

确立南宗的正宗地位,神会的功劳是很大的。他以大无畏的气概在东都洛

阳菏泽寺讲法，与神秀一决高下。经过艰苦卓绝的努力，南宗才逐渐取代北宗成为主流，并在北方士大夫阶层中传播开来。

纵观王维一生，他对于佛教的信仰可谓至精至诚。早在孩提时代，他就跟着母亲接受了佛教的基本思想。到了而立之年他又跟随大荐福寺道光禅师学习大乘顿教达十年之久。他在《大荐福寺大德道光禅师塔铭》里是这样说的："维十年座下，俯伏受教，欲以毫末，度量虚空。"这里的顿教就是指禅宗，并非专指南宗。此时王维所学的应该还是北宗神秀的教义，并不是慧能的顿悟之法。到了晚年，王维更是对佛教到了痴迷的地步，每日焚香独坐，以禅诵为事。可以说，王维一身南、北兼修，顿、渐并行不悖，既以北宗戒律规范日常行止，又以南宗妙悟实践艺术创作，佛教哲理时时处处浸染着他的内心世界并终其一生。这就难怪王维的诗是那么富有禅理禅趣而又一点也不生硬了。

四 辋川集

Chapter 04

知南选行结束后,王维做出了一个惊人之举,辞官归隐终南山。

742年,在短暂的隐居后,他由隐复出,官左补阙。他以"出家亦在家,离世又入世"的"身心相离"人生哲学,在仕隐之间优游自如。

他以亦官亦隐的实践,消解了仕隐之间的界限,突破了两者之间非此即彼的局限。在朝不庸俗可鄙,在野不清高洁净,仕与隐,皆出于自然和本心,又何必强分轩轾与高低呢?

行到水穷处,便坐看云起时。去住无心,进退无念,如此便能获得一颗清净自在心。

在去住无心中,他的官做得越来越大了。

天宝元年（742）至天宝四年（745）年，他官左补阙。

天宝五年（746）至天宝八年（749），他迁库部郎中。

他凡事拎得清，凡事不与人争。他的交游越来越多，越来越盛。和每一个朋友分别，他都显得极为诚恳，却绝不将朋友之谊带入工作。他的应制试，写得越来越好，越来越出神入化，透出一种"中道"的圆融和天机。

但在人前的风光和热闹后，他并没有迷失自性。

他在积极经营他的辋川，在公余闲暇或休沐之时，他在此间游憩。

在辋川，他写下了纯度最高的山水田园诗，辋川成就了他。

在辋川，他按照自己的园林审美观巧妙经营，使之成为私家园林的代表，也成为后代无数文人膜拜的心灵憩息地，他成就了辋川。

一个人要有多么丰富的内心，才能摆脱生活表面的相似。

一个人要有多么丰富的内心，才能在欲望丛林中保持自性。

辋川很静，静故了群动。

辋川很空，空故纳万境。

辋川很和谐，倚山之骨骼而俊逸坚实，因水之血脉而生气灵动。自然与人，和谐共生。

辋川是王维身体的憩息地，可观、可游、可居。

辋川是王维心灵的放牧地，可骋怀，可悟道，可飞升。

这样的辋川，若无知音，又有何意义？

在一个冬天的月夜，他强烈地思念起自己的好友裴迪。

人很奇怪，在悲伤失意的时候，需要知音。在兴致勃发的时候，也需要知音共享。

当王子猷在雪夜中清兴顿起,他趁着月色折腾一夜去找戴安道。

当王恭在濯濯春日里目睹了"清露晨流,新桐初引"的景象,情难自禁地想起了王建武。

当白居易在"绿蚁新醅酒,红泥小火炉"的冬夜里独坐时,忍不住写信问刘十九"晚来天欲雪,能饮一杯无"?

当月光在清溪里流淌,王维的心变得温润而惆怅。这样的夜,啃读经书是一种浪费,书中有颜如玉,有黄金屋,有千钟粟,却不可能有如水的月光,不可能有醉意的灯火,不可能有如痴如醉的沉醉与幻想。悠远的钟声,远村的夜春,深巷的犬吠,聚成一杯令人微醺而醇厚的冬夜陈酿。我的朋友,你来是不来?

当草木蔓发,春山可望,鱼儿轻跃出水面,白鸥展开了翅膀,摇曳的林木挂满泫然的露珠,青青的麦垄里响起野雉的鸣叫,我的朋友,你来是不来?

裴迪来了,他们共同唱和,完成了《辋川集》这个晶莹的乐章。

谁发现辋川

743年,王维已经人到中年。大约在此年前后,王维为了奉养自己的母亲,也像其他官僚阶层的士人一样,开始营造别墅。他花了一笔不菲的钱,购得诗人宋之问曾经居住过的蓝田别墅,重加修葺,建成了辋川别业。

别业即别墅,多附有田园。营造别墅在当时似乎是一种风尚、是一种风雅和享受,在朝京官乃至中下层士人几乎都有特权和经济能力在长安洛阳一带建造别墅。

王维的辋川别业在陕西省蓝田县辋谷内。辋谷在长安东边,是一条长十五公里、宽约两百至五百米的峡谷,辋水流贯其中。

这里的山水无疑是美的。王维是这样描述它的幽美的:清晨的麦田里,野鸡在鸣叫。

我们且看王维的散文杰作《山中与裴秀才迪书》。

近腊月下,景气和畅,故山殊可过。足下方温经,猥不敢相烦,辄便

往山中,憩感配寺,与山僧饭讫而去。

北涉玄灞,清月映郭。夜登华子冈,辋水沦涟,与月上下。寒山远火,明灭林外。深巷寒犬,吠声如豹。村墟夜舂,复与疏钟相间。此时独坐,僮仆静默,多思曩昔,携手赋诗,步仄径,临清流也。

当待春中,草木蔓发,春山可望,轻鲦出水,白鸥矫翼,露湿青皋,麦陇朝雊,斯之不远,傥能从我游乎?非子天机清妙者,岂能以此不急之务相邀?然是中有深趣矣!无忽。因驮黄檗人往,不一。山中人王维白。

我顺便把译文也贴在这里:

现在正是农历十二月的尾上,天气温和舒畅,蓝田山很可以一游。您正在温习经书,仓猝中不敢打扰,我就一个人到了山中,在感配寺略作休息,跟寺中主持一起吃完饭,便离开了。

我向北渡过灞水,月色清朗,映照着城郭。夜色中登上华子冈,见辋水泛起涟漪,水波或上或下,水中的月影也随之上下。那寒山中远远的灯火,在树林深处忽明忽暗。深巷中的狗叫,像豹子一样。村子里传来舂米的声音,又与稀疏的钟声相互交错。跟来的僮仆睡着了,这时我静静地坐在那里,又想起了从前你我手挽着手吟诵诗歌,在狭窄的小路上漫步、在清澈的流水边驻足的情景。

等春天到了,草木蔓延滋长,山景更可观赏,轻捷的鲦鱼跃出水面,白色的鸥鸟张开翅膀,晨露打湿了青草地,清晨的麦田里,野鸡在鸣叫。这些景色离现在不远了,您能和我一起游玩吗?如果您不是天性聪颖性情美好的人,我又怎能用游览辋川春色这样的闲事来打扰您呢?但这里面的确大有趣味!切莫错过。

因为有载运黄檗药材的人出山,就托他带给您这封信,不一一详述了。

　　这封短简写得太美了!作者写了落寞的寒山、隐约的城郭、沦涟的水波、明灭的灯火、深巷的寒犬、村墟的夜舂、山寺的疏钟,可谓内涵丰富、意境深远。

　　蓝田辋川别业是王维安顿自己心灵的又一个驿站,也是他为自己营造的一个小小的精神家园。

　　此后十余年间,王维与裴迪时常流连于此,弹琴赋诗,啸咏终日,留下了堪称山水佳构、绝世清音的《辋川集》。

　　王维是辋川山水第一个真正的知音。王维发现了辋川,辋川也成就了王维。

上下华子冈

为了叙述的方便，我们暂且把王维与裴迪二人交游的情况按下不表，先把二人联袂创作的诗集《辋川集》搞清楚再说。

在阿尔卑斯山的入口处，有一个牌子，上面写着："慢慢走，欣赏啊！"这是要提醒进山的人们放慢脚步，以便欣赏阿尔卑斯山的美景。此刻，我也想对正读着这本书的读者朋友说："慢慢走，欣赏啊！"

我们劈头看见的是《孟城坳》。

新家孟城口，古木余衰柳。
来者复为谁？空悲昔人有。

《辋川集》由 20 首五言绝句组成，题目都很直截了当，就是辋川别业的 20 处景点。嗯，不对。这 20 处景点是真有其名，还是王维和裴迪共同的杜撰？为何裴迪也写了同题的 20 首诗，甚至在景物描写和思想情感上都与王维如出一辙呢？《孟城坳》这一首裴迪是这样写的：

> 结庐古城下,时登古城上。
> 古城非畴昔,今人自来往。

古城即是孟城。王维婉约地说,现在我得到了这个美妙的地方,感到一阵幸福的眩晕。看着前人留下的古木衰柳,遥想异日我去后、死后,来此居住的人又是谁呢?我不可能知道答案,就像此地昔日的主人也不知道我会来到这里一样。

啊!谁叫你想得那么远?

接下来是《华子冈》,我依旧把王维的诗和裴迪的诗对照排列。

> 飞鸟去不穷,连山复秋色。
> 上下华子冈,惆怅情何极!

> 落日松风起,还家草露晞。
> 云光侵履迹,山翠拂人衣。

"上下华子冈",念在嘴里倒像有几千斤重的一个橄榄。

华子冈上有什么?你上上下下的为了个啥?

是西西弗斯永远推不上山去的石头,还是心里头有什么解不开的疙瘩?

《华严经》云:"诸法寂灭,如鸟飞空,无有迹。"

鸟飞于空,了无痕迹。正如世界万物寂灭,归于虚空。王维见飞鸟而悟此,因而惆怅。一腔深情,平平写出。让人琢磨不透那深不见底的清澈。

下面是第三首《文杏馆》。

文杏裁为梁，香茅结为宇。
不知栋里云，去作人间雨。

迢迢文杏馆，跻攀日已屡。
南岭与北湖，前看复回顾。

雕梁画栋的文杏馆里，整日云雾缭绕。试问这里的云，该不会飘向人间化作雨水吧？诗人真是狡猾，他不正面说其地之高，而是以想象之词来考验你的智商。

第四首《斤竹岭》似无深意。

檀栾映空曲，青翠漾涟漪。
暗入商山路，樵人不可知。

明流纡且直，绿篠密复深。
一径通山路，行歌望旧岑。

檀栾是秀美貌，篠（xiǎo）是细竹。密林般的翠竹生长在水边，影子倒映在水中。"檀栾映空曲，青翠漾涟漪。"王维用柔情之笔，传达出了对这一切的由衷喜爱。

然后，诗人和朋友沿着山路追寻竹林的深处，竟不知不觉踏上了去商州的

113

路，这是连打柴人都不知道的呢——他们为此而暗暗得意。

有人把"青翠漾涟漪"理解为风起处，竹林里荡漾着绿色的波浪。这固然也美，但不是诗的本意。

请看裴迪同题诗的前两句："明流纡且直，绿篠密复深。"明明写到了水流。我们说过，裴迪的诗与王维的诗写的是同一的景色，同一的主题，同一的情感。所以，只有那些绿篠长在水边，才会有"青翠漾涟漪"的景色。

第五首《鹿柴》就不同凡响了。

空山不见人，但闻人语响。
返景入深林，复照青苔上。

日夕见寒山，便为独往客。
不知深林事，但见麏麚迹。

这首诗给人的感觉是这样：如果我们是一只鹰，那么在这只鹰的一瞥里，它看到的鹿柴（zhài）这个地方的一个瞬间，恰好就是它原原本本的那个样子。

黄昏的时候，空山之中但闻人语之声而不见人的身影。西斜的太阳静谧地穿过深林，投射在沁凉的青苔上。

这是一幅色彩鲜明却静谧极了的画面。这暗淡地浮动着并且正在静静地消逝的阳光，让人沉潜到这世界的幽深之处，在心底叹息着它的不可捉摸与无法言说。

从文学理论上讲，文字只是个媒介，并且这个媒介的功能在某些方面还是

捉襟见肘的。

陆机说得好:"宣物莫大于言,存形莫善于画。"意思是说宣明事物的道理没有什么比语言更好,保存事物的形状没有什么比绘画更好。

令人称奇的是,诗人仅用了二十个字,就把"用文字画江山"这件复杂得不可思议的事情做成了。

当然,这里面有很大一部分功劳是读者的想象力在起作用,在描画着这幅江山,让它活起来。

诗人笔下文字的最妙不可言之处,也许仅仅在于它充当了恰当的触媒,把人的感官、记忆、情感与这世界严丝合缝地沟通了起来。

弱弱地比较一下,我们就会明白,裴迪的艺术野心较王维要小得多。

你看他说得多么老实浅白:"不知深林事,但见麏麚(jūnjiā)迹。"他说可以看到鹿。

王维野心够大,胆子也大,他偏偏来一句:"空山不见人。"

但是看不见人不等于绝无人声,作者偏偏捕捉住这一点,从而打破沉寂,使人如闻空谷足音般意外惊喜。

然而,绝妙的是,这"人语声"的出现更增添了深山的幽静。我们以后会看到,王维一再地运用这种辩证法,几乎每次都取得了良好的艺术效果。

更深一层言之,人迹罕至的空山里,其空寂是长久的、本质的。偶尔一阵人语传响,则是局部的、暂时的。人语乍响,不仅使原本的空寂更显空寂,还反衬出这空寂的久长。

第六、七、八首都与植物有关。

木兰柴、茱萸沜、宫槐陌这些名称应该都是王维和裴迪共同杜撰的。

这就像大观园建成后,贾宝玉随口杜撰,后经元妃娘娘赐名的潇湘馆、怡

红院、蘅芜苑、藕香榭等一样,原不过是风雅之事。

    秋山敛余照,飞鸟逐前侣。
    彩翠时分明,夕岚无处所。

    苍苍落日时,鸟声乱溪水。
    缘溪路转深,幽兴何时已。

——《木兰柴》

  裴迪的这两句诗是极赞的!"苍苍落日时,鸟声乱溪水。"群鸟归巢时欢快的啼鸣,把溪水声都弄得杂乱了。

  王维则起笔先写一幅空旷而富于动感的远景:落日、渐渐暗下来的山峦、在辽阔天空的巨大背景下追逐着返家的鸟儿们,都被一一摄入镜头。

  然后是一幅色彩明丽的近景:身披彩翠的归鸟近距离地进入作者的视线,它们的形象当然是更"分明"了,而其背景则是极远处漫无边际的夕岚。读者朋友,当你置身于王维和裴迪为我们描绘的这幅画境中时,你是否感受到了一种油然而生的寻求归宿之感呢?

    结实红且绿,复如花更开。
    山中倘留客,置此芙蓉杯。

    飘香乱椒桂,布叶间檀栾。
    云日虽回照,森沉犹自寒。

——《茱萸沜》

浒(pàn)是水涯的意思。

王维爱水,爱飞鸟,爱静,爱绿色。嗯,他大概是公元八世纪的一位生态主义者吧。

茱萸浒这个景点的特点是水边长着一片茱萸。这茱萸长得是地方,临花照水。

更妙的是,这茱萸开的花是绿色,结的果实是红色,果实一串串的,像极了花开,这本身就是一种奇异之美。

王维接着说,倘有客来,我就把这新鲜的茱萸果泡在酒中,用芙蓉杯端出来,以作款待,不是也很有情趣吗?

仄径荫宫槐,幽阴多绿苔。
应门但迎扫,畏有山僧来。

门前宫槐陌,是向欹湖道。
秋来山雨多,落叶无人扫。

——《宫槐陌》

一条窄窄的石路,两旁栽了许多槐树,从大门口一直通向前面的欹湖。

这是一条僻静少人行的路,幽暗背阴的石路上长满了青苔。

裴迪说:"秋来山雨多,落叶无人扫。"明白如话,有味。王维说得曲折一点,他对看门人说:该扫扫啦,只怕有山里的和尚登门呢!

浣纱明月下

第九首是《临湖亭》。

> 轻舸迎上客,悠悠湖上来。
> 当轩对樽酒,四面芙蓉开。
>
> 当轩弥滉漾,孤月正裴回。
> 谷口猿声发,风传入户来。

王维的这首诗应该倒过来读。

王维和朋友正在亭中当窗饮酒,欣赏湖光山色。只见湖上四面都开满荷花,这美景当然令人心旷神怡。

这时,远远看见一只小船悠悠驶来,原来是来迎接他们去作湖上游览的,这就太令人愉快了。

滉(huàng)漾是个连绵词,这词儿使人喜爱。水那么深广,水波当然要

滉漾啦，妥妥的美感。

第十首是《南垞》。

> 轻舟南垞去，北垞淼难即。
> 隔浦望人家，遥遥不相识。

> 孤舟信风泊，南垞湖水岸。
> 落日下崦嵫，清波殊淼漫。

南垞（chá）是临欹湖的一个小丘。北垞与之相对，在欹湖的北侧。湖边都住着人家。

水使人充满柔情，水也使人心情愉快。

这一点，从《斤竹岭》《临湖亭》直到《南垞》，我们都感受到了。后边的《欹湖》《柳浪》《栾家濑》《白石滩》《北垞》等，也是如此。

王维在山水中发现美，欣赏美，在美的吟玩中忘怀现实，超越尘俗。

但他对自然景物和人间烟火却满含温情，要不他怎么会在漫漫湖水中去"隔浦望人家"呢？又怎么会为"遥遥不相识"而倍感惆怅呢？

第十一首终于正面写到湖了。

> 吹箫凌极浦，日暮送夫君。
> 湖上一回首，山青卷白云。

空阔湖水广，青荧天色同。
舣舟一长啸，四面来清风。

——《欹（qī）湖》

辋川有山有谷，有溪有湖。这个湖就是欹湖，前面第九首《临湖亭》就是这个湖边的亭子。

这两首诗要合起来读。《临湖亭》写迎客，此篇写送客，合在一起，才算完璧。

这里的夫君不是真的夫君，这里的夫君是指朋友。夫是发语词，无义。

箫声远扬，直达湖口。日暮送客，流连难舍。

都已经走远了，还频频回首。这一回首不打紧，惊动了青山白云。

"山青卷白云"极美，而富有人情味。"四面来清风"也极美，与王维《临湖亭》中的那一句"四面芙蓉开"足可匹敌。

接下来是《柳浪》。

分行接绮树，倒影入清漪。
不学御沟上，春风伤别离。

映池同一色，逐吹散如丝。
结阴既得地，何谢陶家时。

这里的柳树一棵挨着一棵，影子映照在碧水中。

幸好它们没有长在长安的御沟上，所以此刻才能自由自在地在春风中摇

曳，完全不用担心会被行人折来送别。

诗人喜爱那些青绿婀娜的柔枝，特意用开着繁花的树木做它的陪衬，并将它的倩影映入清清的涟漪，构成了一幅充满生气的图景。

西湖十景有柳浪闻莺一景，柳浪二字怕是从王维的诗里偷去的吧。

第十三首《栾家濑》我极喜爱。

英国诗人萨松说："我心有猛虎，在细嗅蔷薇。"

忙碌而远大的雄心也会被温柔和美丽折服。

飒飒秋风中，浅浅石溜泻。
跳波自相溅，白鹭惊复下。

濑声喧极浦，沿涉向南津。
泛泛鸥凫渡，时时欲近人。

屈原《九歌·湘君》："石濑（lài）兮浅浅，飞龙兮翩翩。"这里的浅浅（jiān）要读作戋戋才对，不是说水的深浅，而是指流水声。

秋雨与石间的流水相杂而下，跳跃着，欢快着。

流水声惊起了水边的栖鹭，它们飞上飞下，不知是欢快呢，还是嗔怒。

顾璘说："此景常有，人多不观，唯幽人识得。"艺术家以心灵映射万象，代山川而立言。诚然！

第十四首是《金屑泉》。

> 日饮金屑泉，少当千余岁。
> 翠凤翔文螭，羽节朝玉帝。

> 萦淳澹不流，金碧如可拾。
> 迎晨含素华，独往事朝汲。

王维和裴迪已经来到金屑泉边，也已经饮过泉水。

他想：如果我们真的每天喝这泉水，那我们会不会长生不老，从现在的年龄退回去千把岁呢？

如果我们真的成了仙，将会怎样？那我们就会手持饰有羽毛的节杖，乘着仙家才有的凤辇，由花纹斑斓的无角龙护送，去朝见玉皇大帝啦！

王维真是这么想的？

是的。又不是的。

幽默的最高境界是自嘲。王维跟自己开个玩笑，有什么要紧？裴迪的诗才是老老实实的写实主义嘛！

我们来到第十五首《白石滩》。

> 清浅白石滩，绿蒲向堪把。
> 家住水东西，浣纱明月下。

> 跂石复临水，弄波情未极。
> 日下川上寒，浮云澹无色。

白石滩，又是一处水面，又是一种风光。

这里的水，不像欹湖那么深，也不像栾家濑那么急，这里是一片铺满白石的浅滩。

清清浅浅的水中，油油地长着绿蒲，差不多可以用手握住了。

到处是一股压抑不住的生机。

而最令诗人感到美的，是在月光下浣纱的邻家少女。

"家住水东西，浣纱明月下。"这句诗给人的第一印象和联想，总是少女，而且是西施似的美丽少女。

在那明月之夜，在那清清的流水中，在那一片银色的世界，真有少女来浣纱吗？

这是诗人的想象，也是你我的愿望。

寂寞辛夷坞

最后五首,越来越精彩了,使人欲罢不能。

北垞湖水北,杂树映朱栏。
逶迤南川水,明灭青林端。

南山北垞下,结宇临欹湖。
每欲采樵去,扁舟出菰蒲。

——《北垞》

北垞在欹湖之北,南山之南。
欹湖当然是一湖活水,其水应该来自南山,或者就是辋水。
诗人此时已从南垞渡过欹湖,来到北垞。舍舟登岸,放眼远望。
但见湖水逶迤朝南流去,弯弯曲曲,时隐时现,一直流到树林的尽头。
这是即景,也是抒情。

第十六首是《竹里馆》。

独坐幽篁里,弹琴复长啸。
深林人不知,明月来相照。

来过竹里馆,日与道相亲。
出入唯山鸟,幽深无世人。

诗人坐在幽静的竹林中,弹琴,长啸,周围没有一个人,连裴迪此刻也不在,但他却并不感到孤独。

语言此刻是无用的,连交流也不必,只需静观、默想、沉思,沉浸在自己的世界里。

就这样静静地思索那些只属于自己、只属于此刻的问题,就这样缓缓地舒泄那些无法言说的、无处宣泄的情愫。

唯有一轮明月是他的知音,温柔而又神秘地照着他,心心相印而又彼此隔离。

诗人所处的这方小小的天地自成一个世界,这个世界是那样自足,那样和谐,那样有秩序,而又那样充满了生气和生机。它是安静的,却并不死寂。我们陶醉在这个世界,感到美。

显然,诗人是把自身理想化了,也把这尘世理想化了。但这里面却有一种梦幻的光华、一种诗性的光辉,引领我们飞升。

我们的脚要贴在地面行走,我们的心却可以飞到云端跳舞。

《竹里馆》静极了,《辛夷坞》更是静极了。

在这首诗里，王维终于用自己全部的心力和绝世的才华，写出了绝对的静谧，以及在如此绝对的静谧中生命的存在和流逝。

> 木末芙蓉花，山中发红萼。
> 涧户寂无人，纷纷开且落。
>
> 绿堤春草合，王孙自留玩。
> 况有辛夷花，色与芙蓉乱。
>
> ——《辛夷坞》

这里的静谧不是一种自然的境界，而是一种生命的境界，是永恒的静谧，本体的静谧。在这里，静亦动，动亦静，世界既没有停止，也没有死灭，生命的内在脉动遵循着自然的规律永恒地进行着。

除了季节迁移的自然节奏，这脉动无需任何外力的推动——尽管山中无人，室中无人，既没有人关注这里的一切，也没有人欣赏这里的一切，辛夷花照样含苞，照样开放，开败了的花瓣照样纷纷落下，无声无息，却又生气淋漓。

以前如此，现在如此，今后还会如此，生命就这样不断地延续、不断地孕育和重生……

需要补叙一笔，辛夷花绽开如莲花，却开在枝头，所以说是"木末芙蓉花"。

倒数第二首是《漆园》。

古人非傲吏，自阙经世务。
偶寄一微官，婆娑数株树。

好闲早成性，果此谐宿诺。
今日漆园游，还同庄叟乐。

《史记·老庄申韩列传》记载说，楚国国王派使者去请庄周出来做官，庄周发急地说："你们赶快走开，别站脏了我的地，我宁愿在污泥中沉沦，还有自由的快乐，我可不愿去当官受那拘束。"

郭璞《游仙诗》："漆园有傲吏，莱氏有逸妻。"以傲吏指称庄子，这几乎是古人一致的观点。王维偏要唱反调。

他说，庄周不出仕，不是他傲慢，而是他本来就缺少治理国家的才能。他之所以担任漆园吏，不过是"偶寄一微官"，聊以应付生活而已。

"婆娑数株树"者，偃息于树下，暂托余生，潇洒过活是也。

王维就这样把庄周从傲慢和品格高尚的神坛上拉了下来，让他成为一个普通人。实际上，这是王维借以自况或自辩，是他对自己行为的定位和解释。

王维不希望别人视其隐居山林为傲慢，他也需要做官来养家糊口。但他又表示自己没有多大的才能，也没有过高的权位之想，一切的一切，不过是和光同尘而已。这就是王维的人生哲学。

此刻的王维，已届不惑之年，已然是个智者、醒者、达者。

最后一首是《椒园》。

桂尊迎帝子，杜若赠佳人。

椒浆奠瑶席,欲下云中君。

丹刺胃人衣,芳香留过客。
幸堪调鼎用,愿君垂采摘。

  这首诗是作者身临椒园时产生的一系列幻想:如何用考究的桂尊捧酒迎接娥皇、女英,如何手持杜若献给美丽的女神,又如何摆开瑶席,用香浓的椒浆来祭奠尊贵的天神,希望云中君能屈驾光临……
  然而,诗只是想象之词,诗人并没有去做它。

世间无此诗

对于《辋川集》，世人无不推崇备至。

刘须溪说：《辋川集》"首首素净"。

王鏊说："摩诘以淳古淡泊之音，写山林闲适之趣，如《辋川》诸诗，真一片水墨不着色画。"

胡应麟说："右丞《辋川》诸作，却是自出机杼，名言两忘，色相俱泯。"

王士禛说："《辋川》绝句，字字入禅。"

这些评论，都很恰切。至于《辋川集》诸诗的禅味及其宗教体验，我们将在另一章中细述。

总括地说一句，《辋川集》绝不是寻章摘句的陈词滥调，而是全新的创造。在此之前，没有出现过这样的诗篇，在此之后，也没有哪个集子达到过它那样的高度。

这些诗不用典，无难字，看似平淡无奇，却谁都能懂，谁都知道它美。

它们表述的是诗人独特的个体直觉体验，这种体验既是美学体验，也是宗教体验。

诗人生活在大自然的爱抚之中,时时感受到它的灵动之美。他手中虽然没有摄像机,但却能把他所看到的一切、听到的一切、嗅到的一切、触到的一切,一一摄入个体生命的小宇宙里,化为诗、化为画、化为声、化为义,如精金美玉一般,忠实而又完整地呈现给我们。

他使那一瞬变成了永恒,使那无数个一变成了一切,使有限变成了无限。

Chapter 05

五 王维的朋友圈

天宝九年（750）至天宝十一年（752），王维因母丧，去职在辋川丁忧。

史载，王维"居母丧，柴毁骨立，殆不胜丧"。母亲，是他幼年丧父后的支柱，是他参禅学佛的启蒙师，也是他在迷失途中一盏不灭的明灯。

王维重亲情，为母居丧见其至孝，责躬荐弟见其至悌。

王维的爱情，是一个谜。静水深流，他心底的波涛与狂澜，如鱼饮水，冷暖自知。

王维重友情，人生而孤独，但无往而不在联系中。没有人是一座孤岛，对一个具有敏锐感知力的心灵来说，没有友情，则斯世不过是一片荒原。

王维的朋友圈很广,因为他温和润泽的个性,也因为他的身份。

他的朋友圈,大而言之,其实可划分为两类,一种是心交,一种是形交。前者是出于精神的需求,是一个敞开的灵魂寻找呼应与接纳;后者是出于一个社会人的需要,出于种种联系的需要。

属于心交的朋友,有两个人最重要。一个是与他共同完成辋川唱和的裴迪,一个是妻弟崔兴宗。

裴迪与他同隐,与他唱和,更在他身陷囹圄之际以布衣身份偏向虎山行,只为看他一眼。崔兴宗也与他同隐,性情简淡清逸,知音妙赏。

属于形交的朋友,有很多种。

有王公贵族。早年在长安,这些王公贵族无一不是他需要干谒的对象,无一不是他生命中的贵人。中年及晚年在长安,他是王公贵族的座上嘉宾,或装点门楣,或出自公需,在这种应酬场面上,他写下不少应制、应和诗。他的惊世之才和儒雅气度,让他所写的场面上的诗文,也堪称绝唱,鲜有人能匹敌。

有同僚。知南选回朝后,他的官位一直稳步上升,为母丁忧之前,他已升任库部郎中。身份的变化,自然带来圈子的变化,应酬场上的迎来送往越来越多,各种请托也越来越多。而他偏偏是那种温和的个性,不会以激烈或决绝的方式拒绝,也不会与人难堪,送别诗越写越多,几乎占了他总诗作的六分之一。丁忧结束,服阕回朝,他又拜为吏部郎中,官阶越来越大,圈子自然又大了。

在疲于应付之际,辋川的山水和佛禅的清音,是他灵魂的滋养物。

还有一些人，处于心交和形交之间。

一类是文人。这些人虽交浅，但能言深。在与这些人的应酬与交往中，王维时不时流露出自己的真性情，写下一些真情的诗篇。

比如孟浩然、储光羲，二者皆亲田园，友山水，与王维在精神上有某些契合之处。他劝孟浩然别想着做官了，安心做一个田园隐者，是掏心窝子的话，没有半点虚与委蛇。

又如王昌龄、岑参，二者皆有边塞情结，与他心中的"英雄梦"有某些契合之处。也正是这种英雄梦的鼓荡，让他在送元二出使安西时，写下了《送元二使安西》这首绝唱，后被谱成歌曲，名为《阳关三叠》。

还有早年科考时便结识的綦毋潜，早年被贬济州时特意来看望他的祖咏，都让他深心感慰。人在年青时结下的友情，有着未经世俗功利沾染的纯净。这种初心，不会因岁月的冲刷而斑驳失色，分外珍贵。

一类是素心人。如僧人、道友、居士或一些不知名的隐者。在这些人身上，王维看到了另一个自己，一个他想做却又无法做到的自己。他一半在尘网，一半在清境，虽是以红尘为道场，却终究不是一个完整的素心人。对这些素心人，他向来是亲近的。

雪夜想你了

窗外飘着雪，我一个人坐在火炉前，读王维的诗："隔牖风惊竹，开门雪满山。"忽然很向往雪的世界。

"昔我往矣，杨柳依依。今我来思，雨雪霏霏。"这是沉浸在故乡美丽风物中突然痛感生命流逝的悲伤。

"燕山雪花大如席，片片吹落轩辕台。"李白惊人的想象力使我们浑然忘却了这夸张的不合理。

"忽如一夜春风来，千树万树梨花开。"这是岑参突然看到塞北的雪时惊喜莫名的由衷赞美。

"柴门闻犬吠，风雪夜归人。"刘长卿笔下那个风雪中的夜归人，难道不也是你自己吗？

"孤舟蓑笠翁，独钓寒江雪。"那是一个永恒的固执姿态，执拗而又强硬地叙说着他的孤独。

"冻合玉楼寒起粟，光摇银海眼生花。"雪天寒冷，冻得人起了一身鸡皮疙瘩，亮得人眼睛都瞎了。你看诗人各种拐弯抹角，各种引经据典，各种炫技

操作,然后嘲笑你读书少。

还有元好问的"渺万里层云,千山暮雪,只影向谁去?"这孤独正是他对于"问世间,情为何物,直教生死相许"的现实表达。

很久很久以前,也是一个下雪天里,袁安正在高卧。洛阳令出门巡查,走到袁安家,发现门被封死了,里面一点动静也没有。围观群众说:这宅男怕不是死了吧?洛阳令急忙让人铲开雪,走进去一看,袁安躺在床上,冻得瑟瑟发抖。洛阳令问他:"你怎么不出去要饭呢?"袁安说:"下这么大的雪,地主家也没有余粮啊,哪好意思开口求人。"洛阳令深受感动,说:"这是个贤人啊!"于是把他举为孝廉。

又过了几百年,也是一个下雪天。王徽之雪夜从梦中醒来,打开窗户一看,天地皆白,万籁俱寂。他突然想起朋友戴逵来,于是驾着一叶小舟去找他。折腾了一夜才到,到了门口,他没有进去就折回来了。有人觉得他神叨叨的,不知所为何来,他回答说:"我本是乘兴而来,现在兴尽而返,为什么一定要见他呢?"这是"雪夜访戴"的故事,载在《世说新语》里。

时间来到唐朝,王维有一天突然兴起,画了一幅画。别人打开一看,是雪中芭蕉!大师就是大师,王维居然在雪中画了一株翠绿芭蕉。

这幅画名叫《袁安卧雪图》。"一棵芭蕉如何能在大雪里不死呢?"唐代张彦远说:"王维画物,不问四时,桃杏蓉莲,同画一景。"清代王士禛说:"只取远神,不拘细节。"艺术嘛,认真你就输了。

思绪飞了一大圈,还是回来好好读《冬晚对雪忆胡居士家》。

寒更传晓箭,清镜览衰颜。

隔牖风惊竹,开门雪满山。

洒空深巷静，积素广庭闲。

借问袁安舍，翛然尚闭关。

这个胡居士姓甚名谁，今已不知。我们可以确信的是，他是王维的朋友，家贫而向佛。题目说是"忆胡居士家"，可见王维曾去过胡家，亲见其贫困清高之状，故于暮雪严寒中念及耳。

一个大雪纷飞的夜晚，夜已深了。诗人揽镜自照，看到了镜中苍老的容颜。时令到了冬天，王维的人生也到了冬季了。

接下来是咏雪，洪亮吉说："古今咏雪月诗，高超者多，咏正面者殊少。"王维此诗却完全是正面描写。

诗从寒冬深夜窗外风吹竹喧的音响写起，不言雪而全是雪声之神。接一句"开门雪满山"，满满的现场感。"洒空深巷静，积素广庭闲"二句写出了大雪纷飞、铺天盖地的样子，又把此刻人们在雪景中充分享受闲趣和美感的安然心态表达了出来，更是被历代诗评家一通狂赞。

在这样一个心神俱美的时刻，诗人猛然想起，我的朋友此刻会怎样呢？他大概不会像高士袁安一样紧闭家门、快要被冻死了吧？牵挂、不安之情油然而生。

就是这样一份对于朋友的关心，让人感觉心中暖暖的。

其实真正说起来，王维这人是个素心人，在很恬静的外表下，埋藏着很深的感情波澜。

他绝不像李白，哪里都有朋友，哪里都可以痛饮狂歌。王维的感情是细腻的，温润的，既不直白也不张扬。

知君旧时好

　　王维的包容性很强，他的朋友圈也很广。苏东坡说："吾上可以陪玉皇大帝，下可以陪卑田院乞儿，吾眼前见天下无一个不是好人。"这话拿来说王维，也不算错。

　　王维的朋友圈大致可以分为五类，第一类是亲人，包括王缙、崔兴宗等，《九月九日忆山东兄弟》就是王维写给自家兄弟的。

　　第二类是达官贵人，包括岐王李范、宁王李宪、玉真公主以及对张九龄、苑咸、杨长史、赵都督、邢桂州等人，值得一提的是晁衡，日本名为阿倍仲麻吕。

　　第三类是文人，包括孟浩然、储光羲、綦毋潜、裴迪、王昌龄、祖咏、丘为、杜甫、岑参、贾至、皇甫岳等。

　　第四类是僧人，对他影响较大的就有普寂、璿禅师、神会、惠澄禅师、温古上人、瑗公、道光、道一、元崇、燕子龛禅师、乘如禅师等20余人。

　　第五类是三教九流之人，包括同僚、隐者、居士、道友、平民百姓等等。

　　以上各色人等共同勾画了王维诗歌世界的五彩斑斓，也是他思考世界、思

考人生、思考艺术最初的出发点和参照物。

《唐语林》有一则故事说，唐宰相王缙喜欢替人家作碑志，有一个人来送稿费，错敲了王维家的门，王维笑吟吟地说："大作家在那边。"这个王缙就是王维的亲弟弟，727年中高才沉沦草泽自举科，唐代宗时官至宰相。

王维与王缙的感情很深，王维暮年（758）时，为其爱弟送行，特别伤感。

> 陌上新别离，苍茫四郊晦。
> 登高不见君，故山复云外。
> 远树蔽行人，长天隐秋塞。
> 心悲宜游子，何处飞征盖？
>
> ——《别弟缙后登青龙寺望蓝田山》

刚在陌上送走弟弟，天地一片苍茫。登高望远，蓝田山远在白云之外。远树长天，深秋迟暮，王维明明知道弟之所去，远在蜀川，还是要以"何处"动问，可见关切之殷。

今日一别，何日再聚？诗人似乎自感时日无多，而此刻骨肉分离，大有生离死别之痛矣。

事实上，王缙此次一走，久在蜀州刺史任上而不归。思弟心切的王维乃于761年春上表朝廷，请求"尽削臣官，放归田里，赐弟散职，令在朝廷"，言辞恳切，几于泣血。不久，王缙得授左散骑常侍。

王缙之外，王维在诗中写得最多也最见感情的，是他的妻弟崔兴宗。值得注意的是，王维与崔兴宗交往日密、感情愈深之时，却是在王维丧妻之后，这

是感情的迁移、弥补，还是生活本身的逻辑？

> 已恨亲皆远，谁怜友复稀。
> 君王未西顾，游宦尽东归。
> 塞迥山河净，天长云树微。
> 方同菊花节，相待洛阳扉。
>
> ——《送崔兴宗》

史载，唐玄宗自开元二十二年（734）正月至二十四年九月长居东都洛阳，奔走仕途者一时云集东都，崔兴宗也将前往，故王维写诗相送。

"塞迥山河净，天长云树微"是写景的妙笔，这两句也许并非实写，而是想象之词吧。但这两句经过艺术提炼的画笔，却一下子把人的目光和思绪引向了远方，使人遐想不尽。

那么，在王维眼里、在世人眼里，崔兴宗是怎样一个形象呢？

王维在《与卢员外象过崔处士兴宗林亭》诗中说他傲慢无礼地坐在松树下，帽子也不戴，"白眼看他世上人"。

> 绿树重阴盖四邻，青苔日厚自无尘。
> 科头箕踞长松下，白眼看他世上人！
>
> ——《与卢员外象过崔处士兴宗林亭》

这一次去拜访崔兴宗，同去的还有王维的弟弟王缙和卢象、裴迪。

三人都有诗描写崔兴宗，王缙诗曰："声名不问十年余，老大谁能更读书？"如此说来，则崔兴宗在出仕前曾长期隐居。

卢象诗曰："主人非病常高卧，环堵蒙笼一老儒。"卢象称崔兴宗为老儒，可见当时崔兴宗年龄已经不小，当已年近五十。

裴迪诗曰："逍遥且喜从吾事，荣宠从来非我心。"淡泊名利，白眼看人，这是我们很熟悉的一种魏晋风度。

从这些诗里，可以看出崔兴宗的志趣、性格、做派与王维颇有共鸣之处。王维在诗中把崔兴宗比作善使青白眼的阮籍，崔兴宗在答诗中则把王维比作嵇康，可见二人是心心相印的，这也是二人成为朋友的思想基础。

写于同一时期（750年左右）的诗篇还有《送崔九兴宗游蜀》《崔九弟欲往南山马上口号与别》《秋夜独坐怀内弟崔兴宗》等，王维与崔兴宗感情之深厚，于此可见一斑。

城隅一分手，几日还相见？
山中有桂花，莫待花如霰。

——《崔九弟欲往南山马上口号与别》

这是一首玲珑有味的送别小诗。诗中说，今日城隅一别，何日才能再见？足下到山中居住，有桂花欣赏，可别迟迟不归，只待花落如雪啊！霰（xiàn）是水蒸气在高空中遇到冷空气凝结成的小冰粒或小雪珠，在下雪之前，往往先下霰。

夜静群动息，蟋蟀声悠悠。
庭槐北风响，日夕方高秋。
思子整羽翮，及时当云浮。

吾生将白首，岁晏思沧洲。

高足在旦暮，肯为南亩俦！

——《秋夜独坐怀内弟崔兴宗》

夜深人静之时，王维又想起崔兴宗来了。这刻骨的思念因秋夜的寂静而愈发不可遏抑。

鸟儿拍打着翅膀，将要翱翔了。那广袤的天空，是它的向往。

我已垂垂老矣，只想遁迹沧洲。亲爱的朋友，祝愿你远走高飞！此刻我的内心一片惆怅。

写得尤其隽永而有味的是《崔兴宗写真咏》。

画君少年时，如今君已老。

今时新识人，知君旧时好。

这首诗通过叙述人们对一幅画像的观感，写出了时间的流逝、青春的回忆。

画像上是崔兴宗年轻时的容颜，而他现在已经老去。年轻的人们看到这画像上的少年，竟是那样的美好！岁月的惊涛，如此清晰而又遥远。

日本人晁衡

日本人晁衡与大诗人李白、王维的友谊历来为人津津乐道。晁衡与唐朝一众达官贵人的交往非常特殊、充满传奇，所以我们要先看看王维与另外朝中官员的交往，借此知道王维为人处世的一般原则。比如苑咸：

何幸含香奉至尊，多惭未报主人恩。
草木岂能酬雨露，荣枯安敢问乾坤？
仙郎有意怜同舍，丞相无私断扫门。
扬子解嘲徒自遣，冯唐已老复何论！

——《重酬苑郎中》

此诗写于747年，王维时为库部员外，从六品。苑咸当时是中书舍人，正五品，且是李林甫府上的红人。

王维与苑咸的交"情"很有意思。此前，王维有诗赠苑咸，即《苑舍人能书梵字兼达梵音皆曲尽其妙戏为之赠》，诗是这样写的："名儒待诏满公车，

才子为郎典石渠。莲花法藏心悬悟,贝叶经文手自书。楚词共许胜扬马,梵字何人辨鲁鱼?故旧相望在三事,愿君莫厌承明庐。"意思大概是说:阁下对佛经悟性很高,又精通梵文,诗赋的水准更是不同凡响,有如此才华,将来位至三公是有可能的啊!

苑咸得诗,即以《酬王维》相答,盛赞王维在当代诗坛的地位和贡献,同时对王维久不升迁表示同情,说:你这老兄,怎么这么不思进取呢?难道要学那不食人间烟火的罗汉,或者像冯唐一样老不升迁吗?

有了上面一段因缘,才有了《重酬苑郎中》一诗。诗的大意是:我能够在君王身边做个郎官,已经非常知足了,即使如此,还时常为未能尽职报恩而感到羞愧。我不能升迁,是我自己的能力问题,怎么能够怨天尤人呢?

"仙郎有意怜同舍,丞相无私断扫门。"这是针对苑咸"入用还推间气贤"这句诗所流露出来的欲以援手的意思所作的答复。意谓:虽然阁下正得宠于李林甫,但丞相是无私的,你虽有意,李林甫也定然会出于公心而禁绝请托的。这话说得很委婉,绕了好几个弯子,隐含的意思是:觍着脸去替人扫门以求接见,这事儿我是做不出来的。我写诗给阁下,没有别的意思,纯属艺术上的交流切磋,冯唐老矣,没有什么升迁的奢望了。

顾可久评此诗说:"中间意绪转折太多,约略一篇文字数百言尽于五十六字中,此等诗最高品也。"读完此诗,王维堂堂正正、不卑不亢、绝不投机取巧、奔走钻营的高尚品格,一刹那间就树立起来了。

  铙吹喧京口,风波下洞庭。
  赭圻将赤岸,击汰复扬舲。
  日落江湖白,潮来天地青。
  明珠归合浦,应逐使臣星。

——《送邢桂州》

《送邢桂州》是一篇送别诗。这首诗与王维其他的送别诗不大一样，诗写得很热闹、很雅正、很雄壮。在诗中，个人的感情成分几乎看不见，而时代的色彩却很浓厚。

尤其使人惊叹的是那两句千古名句："日落江湖白，潮来天地青。"落日余晖投射在浩渺的湖水上，粼粼波光白得耀眼，汹涌而来的潮水，似乎要把整个天地都染成一片青碧了！这联诗气魄雄伟，造句奇警，那涵盖天地的景象，使人一读难忘。有了这一联诗，全诗就像有了一根顶天立地的主心骨一样，一下子挺立起来了！

天官动将星，汉地柳条青。
万里鸣刁斗，三军出井陉。
忘身辞凤阙，报国取龙庭。
岂学书生辈，窗间老一经！

——《送赵都督赴代州得青字》

这是一首应酬诗，应酬诗也有好坏，这首应酬诗就写得很不坏。

题目中说"得青字"，说的是诗韵。古时几个人一起作诗，各人分别拈出一个韵来，然后按韵作诗，王维此诗的韵脚是"青"字韵。

这首诗的可观之处在于，起笔豪健。天上的将星移动，预示着将有战事发生。这是什么时候呢？是春天，柳条发青的时候。

接下来整个诗一鼓作气，雄劲无前，作者以流畅的文笔、铿锵的语言写出了赵都督率军出征的磅礴气势，同时也是在表现自己的壮志宏愿。这个壮志宏

愿就是要投笔从戎,立功封侯。

王维的这一心愿,几乎是唐代所有读书人的心愿,也是从古以来所有读书人的心愿。不过,盛唐时代尚有实现这一宏愿的机会,所以我们会觉得王维说的是真实的豪言。到了中唐时代,李贺也大声疾呼:"男儿何不带吴钩,收取关山五十州。请君暂上凌烟阁,若个书生万户侯?"这就给人声嘶力竭、凄厉惨烈之感了,因为时代变了,没有机会实现这宏愿了。

日本人晁衡在唐朝绝对算网红,他以外国人的身份而在唐朝做官,并且官做得很大。他在753年回国时所受礼遇极为隆重,有当朝多位名人相送,留下了许多感情深挚的诗篇。更富有传奇性的是,他在回国途中遇到大风,同伴遇难者甚多,而他却大难不死再度辗转回到长安,直至770年老死于中国。

晁衡原名阿倍仲麻吕,717年随日本遣唐使来中国留学,改姓名为晁衡。晁衡历仕玄宗、肃宗、代宗三朝,任秘书监,官职从三品。753年,晁衡请求随日本遣唐使藤原清河一行回国探亲。临行前,唐玄宗、包佶、赵骅、王维等人都有诗赠别,晁衡也有《衔命还国作》回赠。

奇诡的是,同年十一月晁衡等人乘船从扬州返日本,海上遇风,晁衡所乘船只漂流到越南。似乎冥冥之中早有注定,晁衡后来又辗转返回长安,仍旧在唐朝朝廷任职,直至生命的终点,晁衡再也没有回到日本去。

晁衡的一生既是唐人胸怀博大、海纳百川的现实证明,又是中日两国文化交流和传统友谊的历史见证。当晁衡出海遇险溺死海上的传闻传来,大诗人李白挥笔写下了《哭晁卿衡》一诗:"日本晁卿辞帝都,征帆一片绕蓬壶。明月不归沉碧海,白云愁色满苍梧。"悲痛之情溢于言表。

积水不可极,安知沧海东!

> 九州何处所，万里若乘空。
> 向国惟看日，归帆但信风。
> 鳌身映天黑，鱼眼射波红。
> 乡树扶桑外，主人孤岛中。
> 别离方异域，音信若为通？

——《送秘书晁监还日本国》

王维此诗可分三个层次来看，第一个层次写晁衡东渡的背景，第二层次写东渡的情景，属想象之词，第三层次写诗人对晁衡的思念。

沧海茫茫，无有极限，晁衡此番东渡，岂知又会发生怎样的险情呢？简简单单二语之中，忧心愁绪喷薄而出。于是作者自问自答：从中国到日本，有万里之遥，大海之隔，如果要回去，除非插翅高飞才可抵达。

但是，晁衡心中装着祖国，装着故乡，他一定要回去，那日出之地就是他的故乡。所以此番晁衡随藤原清河一行同归，也是机缘凑巧，好风相送。然而，茫茫大海之上，不仅气候无常，波涛翻滚，还有怪物出没，有一种遮天蔽日可使日月无光的大鳌，还有一种眼中喷射出红色火焰的怪鱼，这是多么神秘、奇诡、惊心动魄。

尽管如此，我还是要衷心地祝愿我的朋友一路顺风，平安地回到孤岛日本。啊，从此我们天各一方，如何才能互通音信呢？

此诗在唐代即获得高度评价，尤其是"鳌身映天黑，鱼眼射波红"一联堪称妙绝。姚合《极玄集》称此诗及《送丘为落第归江东》《观猎》三首为"诗家射雕手"，而以此篇为压卷，这个评价很高了。

王维此诗的特殊之处，还在于诗前有一篇长序，用典丽工整的骈体文写

成，近七百字，在王维诗中堪称特例。写得真是伟哉！壮哉！从这篇长序中，我们可以读出大唐威仪、礼仪之邦，也可以读出唐人眼中的日本以及唐人对于邻邦日本的一片善意。

舜觐群后，有苗不服，禹会诸侯，防风后至。动干戚之舞，兴斧钺之诛，乃贡九牧之金，始颁五瑞之玉。我开元天地大宝圣文神武应道皇帝，大道之行，先天布化，乾元广运，涵育无垠。若华为东道之标，戴胜为西门之候，岂甘心于邛杖，非征贡于苞茅。亦由呼韩来朝，舍于蒲陶之馆；卑弥遣使，报以蛟龙之锦。牺牲玉帛，以将厚意；服食器用，不宝远物。百神受职，五老告期，况乎戴发含齿，得不稽颡屈膝？海东国日本为大，服圣人之训，有君子之风。正朔本乎夏时，衣裳同乎汉制。历岁方达，继旧好于行人；滔天无涯，贡方物于天子。司仪加等，位在王侯之先；掌次改观，不居蛮夷之邸。我无尔诈，尔无我虞。彼以好来，废关弛禁。上敷文教，虚至实归。故人民杂居，往来如市。晁司马结发游圣，负笈辞亲，问礼于老聃，学诗于子夏。鲁借车马，孔丘遂适于宗周；郑献缟衣，季札始通于上国。名成太学，官至客卿。必齐之姜，不归娶于高国；在楚犹晋，亦何独于由余。游宦三年，愿以君羹遗母；不居一国，欲其昼锦还乡。庄舄既显而思归，关羽报恩而终去。于是稽首北阙，裹足东辕。箧命赐之衣，怀敬问之诏。金简玉字，传道经于绝域之人；方鼎彝樽，致分器于异姓之国。琅邪台上，回望龙门；碣石馆前，夐然鸟逝。鲸鱼喷浪，则万里倒回；鹢首乘云，则八风却走。扶桑若荠，郁岛如萍。沃白日而簸三山，浮苍天而吞九域。黄雀之风动地，黑蜃之气成云。森不知其所之，何相思之可寄？嘻！去帝乡之故旧，谒本朝之君臣。咏七子之诗，佩两国之印。布我王度，谕彼蕃臣。三寸犹在，乐毅辞燕而未老；十年在外，信陵归魏而逾尊。子其行乎！余赠言者。

裴迪又醉了

王维一生中最重要的一个知音应该是裴迪。

史载，王维"在辋口，其水周于舍下，别置竹洲花坞，与道友裴迪浮舟往来，弹琴赋诗，啸咏终日"。

翻开《王右丞集》，王维与裴迪赠答、同咏的诗作多达30余首，数量远远超过王维与其他任何一位盛唐诗人的唱和之作；翻开《全唐诗》，裴迪所存诗29首，几乎全部是与王维的相关的诗作，包括载在《辋川集》中的20首同咏之作。王维最重要的成就，《辋川集》以及其他山水田园诗，裴迪都是第一个读者，在某种意义上，他是促使王维诗艺臻于绝顶最重要的推动者。

前面已经详细地讨论过《辋川集》，但《辋川集》并没有囊括王维所有的辋川之作，并且在《辋川集》之后，王维的诗艺和诗境又有进一步的拓展和深化，写出了不少流传千古的佳作。

比如《辋川闲居赠裴秀才迪》就是一幅辋川秋景图：

寒山转苍翠，秋水日潺湲。

倚杖柴门外,临风听暮蝉。
渡头余落日,墟里上孤烟。
复值接舆醉,狂歌五柳前。

寒山静穆,又添苍翠,秋水潺潺,涤人心肺。渡头已无人影,落日正在西沉,农夫们忙完农活,回到家中点起了袅袅炊烟。

我倚靠在柴门外,听着蝉唱,心情很好。一切都在按部就班、波澜不惊地进行着,这美好的人间!

此时,裴迪喝醉了,醉醺醺地一路唱着歌走来,正好来到我的门前。

董乃斌对此解说得甚好:"裴迪的狂歌,衬托了王维的悠闲,构成了一幅动静相谐的图景。本来王维在看景,现在倚杖临风的王维和醉酒狂歌的裴迪也入了画,成为我们所欣赏的风景了。"

淼淼寒流广,苍苍秋雨晦。
君问终南山,心知白云外。
　　　　　——《答裴迪辋口遇雨忆终南山之作》

这是一首答诗,裴迪有诗在先:"积雨晦空曲,平沙灭浮彩。辋水去悠悠,南山复何在?"因为下雨,且下得久,人就有点憋闷,所以写首诗玩儿。作者即景发问:辋水要流到哪里去呢?昔日隐居的终南山又在哪里呢?

王维的诗就是为回答这个问题而作的,他回答得很巧妙:"心知白云外。"终南山当然在那白云之外,但你此刻想起终南山来,终南山就在你心里。

心有灵犀一点通,王维和裴迪其实都明白。

酌酒与君君自宽，人情翻覆似波澜。
白首相知犹按剑，朱门先达笑弹冠。
草色全经细雨湿，花枝欲动春风寒。
世事浮云何足问，不如高卧且加餐。

——《酌酒与裴迪》

这首酌酒温言相劝的诗，使我们感到亲切。裴迪也一定懂得。

诗人说，世人哪怕是多年知交，到利害冲突相持不下时，也难免拔剑动武，这就叫人情波澜。那些捷足先登、拉帮结派的家伙，早把清显要职瓜分完毕，哪里还有你我的份呢？你看那脆弱的小草，被细雨淋着，能不浑身湿透吗？那含苞的鲜花，要借着春光开放，又怎么禁得住料峭春寒呢？这样子一想，你就想通了，什么都是浮云，不如该吃吃、该喝喝、该睡睡，把心放宽、把身体搞好最要紧。

端居不出户，满目望云山。
落日鸟边下，秋原人外闲。
遥知远林际，不见此檐间。
好客多乘月，应门莫上关。

——《登裴迪秀才小台作》

这一次，王维在裴迪陪同下，登上其家小台远眺。首句平平而起，紧接着就是一个突兀响亮、令人惊喜的好句——满目望云山。这个不起眼的小台，竟在诗人眼前展开了如此阔大的一幅景致！

远处，一轮壮丽而浑圆的夕阳，正在下沉。在这个巨大的天幕上，时而有鸟儿飞过。然而，面对迅速沉落的夕阳，鸟儿好像是静止的，而夕阳却移动得飞快！

近处，秋天的原野苍茫无际，就像被遗落在了世外一样。

"落日鸟边下，秋原人外闲。"这一联和谐工整的佳句，真是令人难忘。

同样令人难忘的还有《赠裴十迪》中的"春风动百草，兰蕙生我篱"，《黎拾遗昕裴秀才迪见过秋夜对雨之作》中的"寒灯坐高馆，秋雨闻疏钟"等佳句。

顺便，我们把王维写辋川的另外两首诗也放到这里一起读一下。

积雨空林烟火迟，蒸藜炊黍饷东菑。
漠漠水田飞白鹭，阴阴夏木啭黄鹂。
山中习静观朝槿，松下清斋折露葵。
野老与人争席罢，海鸥何事更相疑！

——《积雨辋川庄作》

"漠漠水田飞白鹭，阴阴夏木啭黄鹂"这两句诗，曾被清代诗评家方东树赞为"万古不磨之句"，的确能够代表一般读者的意见。

这两句诗好在哪里呢？我们先从一桩公案说起。唐人李肇说，王维是剽窃李嘉祐的诗句"水田飞白鹭，夏木啭黄鹂"，宋人叶梦得力辩其非，说"此两句好处，正在添'漠漠''阴阴'四字，此乃摩诘为嘉祐点化，以自见其妙，如李光弼将郭子仪军，一号令之，精彩数倍"。

的确，这一对叠字最受赞赏。添"漠漠"二字，便见得水田愈发广大，

151

视野苍茫；添"阴阴"二字，便见得夏木更加葱茏，蔚然深秀。有了这四个字，则整个句子有如一幅有声画卷，色彩更加鲜明，声韵更加优美，境界更加和谐；去掉这四个字，则整个句子变成了毫无生气的死句，层次感、境界感、音乐感、色彩感全部荡然无存了。

同样是写辋川，同样是写雨，《辋川别业》就写得异常的热烈，异常的欣喜，异常的秾艳。

> 不到东山向一年，归来才及种春田。
> 雨中草色绿堪染，水上桃花红欲燃。
> 优娄比丘经论学，伛偻丈人乡里贤。
> 披衣倒屣且相见，相欢语笑衡门前。

前面我们已经说过，王维建造辋川别业的主要目的是供母亲奉佛持戒，王维偶尔也回辋川居住。这不，王维阔别辋川山水快一年了，他又兴冲冲地回来了，在春天里。

真是景也欢，人也欢。雨中草色愈发青青，把一切都染绿了；水上桃花更加红艳，简直快要燃烧。诗人心情一好，见什么都好，见花是好花，见人是好人，一切都异乎寻常地美。

诗写到最后，诗人一反常态，主动招呼左邻右舍，衣服也来不及穿，倒穿着鞋子就去迎接前来看望他的客人，相欢语笑，一片热忱。这样的王维真是使人有几分感动。

早岁同袍者

王维和祖咏是知交,王维曾在《赠祖三咏》一诗中说:"结交二十载,不得一日展。贫病子既深,契阔余不浅。"可见二人交往之久远、感情之深厚。

725年,祖咏擢第授官后东行赴任,途经济州,当时王维正在济州司仓参军任上。

王维见到老友,喜不自胜,遂留祖咏住下,并作《喜祖三至留宿》。几天后,王维又送祖咏至齐州,一直送到百里之外,赋《齐州送祖三》赠别。

前一年,祖咏在京城参加进士考试,被录取了,还写了一首流传千古的应试诗《终南望余雪》,这也是唯一一首入选《唐诗三百首》的应试诗。

> 终南阴岭秀,积雪浮云端。
> 林表明霁色,城中增暮寒。
>
> ——祖咏《终南望余雪》

应试诗是命题作文,要写得出色很难。724年进士考试的诗题是《终南望积雪》，五言排律，限六韵，也就是说用十二句话、六十个字写完。

祖咏写得很自信，写完就交卷了。主考官一看，提醒道："题目说的是五言排律啊，要写六韵，你这是五言绝句，才写了两韵，快加几句！"祖咏答曰："意尽。"的确，这首诗把《终南望余雪》这个题目写尽了，写得自然贴切、情景交融，任你再加些什么，都是画蛇添足。好在主考官识货，祖咏被录取了。

> 门前洛阳客，下马拂征衣。
> 不枉故人驾，平生多掩扉。
> 行人返深巷，积雪带余晖。
> 早岁同袍者，高车何处归？
>
> ——王维《喜祖三至留宿》

诗的大意是说：我生性淡泊，不愿巴结别人，加上被贬济州，心情不好，所以常常是关上大门，独享寂寞。没想到老友今日不期而至，真是幸甚至哉！外出的人们跟你一样，在这冬日积雪的傍晚，迎着落日余晖返回位于深巷的家中。"既来之，则安之。"我希望你在我家多住几天，尽管我也深知，你是不会停留于此的。你我早年即已交好，我们共同的志向是乘坐高头大马，驰骋远翔，如今我被贬屈居济州，你的仕途也才刚刚起步，我们的归宿又在哪里呢？

值得注意的是，王维的五律、七律，颔联或颈联往往写景，这已经形成了规律性的现象。难得的是，这第二联或第三联写得是那么贴切，那么雄浑，那么绝妙，既与全诗水乳交融，又迥然不群，真是一韵之响，遂能振起百倍精神。

《使至塞上》的"大漠孤烟直，长河落日圆"，《汉江临泛》的"江流天

地外,山色有无中",《送邢桂州》的"日落江湖白,潮来天地青",《终南别业》的"行到水穷处,坐看云起时",《送丘为落第归江东》的"五湖三亩宅,万里一归人",《奉和圣制从蓬莱向兴庆阁道中留春雨中春望之作应制》的"云里帝城双凤阙,雨中春树万人家",《辋川闲居赠裴秀才迪》的"渡头余落日,墟里上孤烟",《秋夜独坐》的"雨中山果落,灯下草虫鸣",《酌酒与裴迪》的"草色全经细雨湿,花枝欲动春风寒",《积雨辋川庄作》的"漠漠水田飞白鹭,阴阴夏木啭黄鹂",《山居秋暝》的"明月松间照,清泉石上流",《辋川别业》的"雨中草色绿堪染,水上桃花红欲燃",《酬张少府》的"松风吹解带,山月照弹琴",《冬晚对雪忆胡居士家》的"洒空深巷静,积素广庭闲",《过香积寺》的"泉声咽危石,日色冷青松",《送梓州李使君》的"山中一夜雨,树杪百重泉",《观猎》的"草枯鹰眼疾,雪尽马蹄轻",无不如此。

> 送君南浦泪如丝,君向东州使我悲。
> 为报故人憔悴尽,如今不似洛阳时!
>
> ——《齐州送祖三》

王维的七绝不多,却少而精。送祖咏的这首七绝就是如此。

诗的意思明白如话,但隐藏在背后的感情却是那么强烈充沛。故人啊,青山依旧在,聚散两匆匆。你看我如今憔悴成什么样子了,想起早年在洛阳时的幸福时光,令人唏嘘不已。

这末尾一句写得好,它把人们的思绪引向回忆与对比,而又并不说出到底回忆些什么,这就越发使人浮想联翩了。中国的诗教讲究含蓄,所谓温柔敦厚之旨,大概就是这个样子。如果把什么话都说尽,都写在纸上,那是流水账,

是骂街,是碎碎念,不是诗。

王维和丘为也是知交,诗中多次写到他。

> 怜君不得意,况复柳条春。
> 为客黄金尽,还家白发新。
> 五湖三亩宅,万里一归人。
> 知祢不能荐,羞为献纳臣。
>
> ——《送丘为落第归江东》

丘为是浙江嘉兴人,早年屡试不第,归山读书数年,743年中进士,年逾八十才以左散骑常侍致仕。年九十六岁而卒,相传是唐代享寿最高的一位诗人。

王维是个重感情的人,王维诗集中,送别诗不下七十余首,无不写得感人至深。

清人黄生说此诗:"三怜其困,四怜其老,五怜其穷,六怜其贱,如此写不得意,尽情尽状。"

实际上,此诗前四句也适合描写落第还家的寒门士子的一般情况,而送落第士子还家也是唐诗一大主题。

本诗的佳句是第三联"五湖三亩宅,万里一归人",诗句巧用数字,把丘为的家境和他铩羽而归所导致的全家失望、个人颓唐,表现得极为含蓄深沉。

在律诗中安排数字,需是高手,需有分寸,而王维恰恰是个中翘楚。如果都像北宋理学家邵雍一样去写诗,怕是要受人诟病。其《山村咏怀》诗云:"一去二三里,烟村四五家。亭台六七座,八九十枝花。"

王维善用数字的佳句我们还可举出若干，比如《送梓州李使君》"万壑树参天，千山响杜鹃。山中一夜雨，树杪百重泉"，《送杨长史赴果州》"鸟道一千里，猿啼十二时"，《和贾舍人早朝大明宫之作》"九天阊阖开宫殿，万国衣冠拜冕旒"，等等。

尾联"知祢不能荐，羞为献纳臣"二句，也是历来为人所称道。这两句意思是说，我知道你像祢衡一样富有才华，但我却不能像孔融一样向朝廷加以推荐，我感到羞愧和自责。

此诗高处在于，不停留在怜人之不幸上，而是归结在羞己之自责上。"慰人失意，而己反为之下泪"，可谓"爱其情至"。

孟浩然、王维、储光羲等人都是盛唐山水田园诗派的代表人物，正是因为有了他们的出现，山水田园诗才蔚为大宗。王维与储光羲曾一同隐居淇上和终南山，储光羲在《答王十三维》中甚至以"门生"自称，可见其对王维的钦敬。

> 重门朝已启，起坐听车声。
> 要欲闻清佩，方将出户迎。
> 晚钟鸣上苑，疏雨过春城。
> 了自不相顾，临堂空复情。
>
> ——《待储光羲不至》

这首诗写期盼好友到来久候不至的心情，把一个人的心理活动写得活脱脱的，既细腻真挚，又委婉动情。

诗人一大早就把重重房门打开了，只为等待友人的到来。你看他一会儿站起来，一会儿坐下去，耳朵仔细谛听着路上经过的车马声音，生怕错过了。

突然间,远处好像传来友人身上玉佩叮当作响的声音,正要出门去迎接,哪知是自己弄错了。

此时,上苑的晚钟已经声声敲响,外面下起了稀稀落落的细雨。今雨已来,旧雨(指老朋友)不会再来了吧。我独自坐在堂中,犹自忍不住苦苦等待。

这诗写得真可爱,像个纯情的小女孩似的。诗中用"晚钟"和"疏雨"来刻画诗人的内心世界,把自然的一切完全心理化了。这晚钟是鸣在诗人心上的,这疏雨是扫过诗人周身的。

红豆生南国

  王维的朋友圈中,有很多不知其名的人,比如元二,比如王维嘱咐他多多采撷红豆的那个人,比如王维向其询问"寒梅著花未"的人。这些人,使我们难忘。

  有的研究者认为,王维的《相思》写于"知南选"之前,此时王维尚未踏足南方,根本不知道红豆以及红豆树长的是什么样子,所以才有那可爱的一问:红豆生南国,春来发几枝?

  我倒认为,《相思》写于王维"知南选"之后,王维是亲见过红豆子和红豆树的,所以他才借红豆来寄相思。

> 红豆生南国,春来发几枝?
> 愿君多采撷,此物最相思。
>
> ——《相思》

  这首诗当然是写给友人而不是写给情人的。

作者写诗寄给友人，不是随意而为的行为，他是因为思念友人才要写这样一首诗的。所以他才问：春天来了，红豆树应该发芽了吧？

作者这样问是很自然的，也是很中国化的表达方式。因为在中国文化里，一个地方的风土人情就是它的文化象征，红豆生长在南方，友人也是南方人，所以他很自然地说起了红豆。

他怎么说呢？他说，等到红豆成熟的时候，你多采一些回来吧，我此刻想它想得不得了！

我们的真感情，是需要对方用心才能体会出来的。

在这里，物与人合而为一了，思慕物实际上就是思慕人。这层意思，读到此诗的友人是一看就会明白的，但作者却不明说，而是拐着弯来表达。

那么，《相思》何以成了千百年来情人之间表达相思的颂歌的呢？说到底，还是《相思》这首诗含蓄优美的表达方式，恰好契合了中国人的心灵罢了。

我们都知道，不管是亲情、友情还是爱情，都是一种激情，也可说都是一种人之常情，这种人之常情各自的界限在哪里呢？很难说清，既然说不清，那么，把歌颂友情的诗篇借用来表达爱情，就是自然而然的事情。

古诗中这样的例子很多。"但愿人长久，千里共婵娟"，是苏轼写给他弟弟苏辙的，写的是兄弟之情，但是，世人才不管这些呢？只要写得好，用起来顺手，将这词句拿来赠给情人，又有什么不可呢？

唐人写送别的诗很多，李白、杜甫、王昌龄等人都是大家，王维在这个题材上同样将其诗艺发挥到了出神入化的程度，最著名的就是《送元二使安西》：

渭城朝雨浥轻尘,客舍青青柳色新。

劝君更尽一杯酒,西出阳关无故人。

人们常说,一首作品写完以后,它就有了自己的生命。这是不假的。

当人们兴高采烈地忙着去谱曲、忙着去传唱这首歌辞时,就再也没有一个人去关心元二是谁了。很快,这首歌辞就有了新的名字——《渭城曲》《阳关三叠》等等。

渭城在秦时称咸阳,乃唐人西去必经之地。

这是春天的一个早晨,刚刚下了一场小雨,整个渭城洁净如洗。

平日的车马声此时也沉寂下去了,那西去的古道一眼望不见尽头,显得寂寞而又冷清。

因为一场雨的缘故,那些最平常不过的风景——青青客舍和路旁柳色此时也风光如画起来,真是舒服到了极点。

一切都在等待和酝酿着一个高潮。

酒已喝了许久,同行的仆人早已牵出马来。

远行者站起来,送别者也站起来:请喝了这杯酒吧,出了阳关,就再也见不到老朋友了。

这句脱口而出的劝酒辞在一瞬间将远行者和送别者之间感情的波澜推向了顶点!而整首诗也就在这里戛然而止了。诗人没有说出的比已经说出的要丰富得多。

《送元二使安西》应该是送官人,下面这首《送别》则是送隐者。

下马饮君酒,问君何所之?

> 君言不得意，归卧南山陲。
> 但去莫复问，白云无尽时。

诗人一大早特地赶来送别友人。

在长亭边下了马，郑重其事地拿出酒来，还不忘再问一句：你真要到那里去吗？这是挽留，是关怀，也是依恋。因为这些事情，在朋友之间，自然是早就知道的。

"君言不得意"，道出一种苦涩来，这苦涩是彼此都理解的。行走在这世间，谁没有碰到过不如意的事呢？

因为这苦涩，友人决绝地要归隐山中。还说什么呢？你只管去吧，不要再提得意失意的事了。

山中白云悠悠，令人怡悦。相比起来，这尘世间的功名利禄，又有多少可恋呢！

王维是个矛盾的人，这矛盾使他逃向禅。但在他的诗里，我们却看不见这矛盾，他所描绘的世界，常常充满诗意的光华，有如梦幻。

仍然是送别，这次是送王孙。

> 山中相送罢，日暮掩柴扉。
> 春草明年绿，王孙归不归？
>
> ——《山中送别》

这是一首单纯明快的小诗。

大致的情景是，有人来山中探望王维，过了一段日子，告辞走了，王维仍

旧过他的寂寞的隐居生活。

或许是这次拜访在王维的生活中投下了一抹亮色吧,就像是一块石头投入水中所泛起的涟漪一样。客人刚走,王维心中一片惆怅,喃喃道:明年春草萌发的时候,友人还会不会来呢?

清人顾可久评曰:"青山绿水谁是可别去者?浅语情深。"在这里,王维对于友人归不归的执拗诘问,实际上是与他对青山绿水的顽固依恋绾合在一起的,不能分开。

回过头来说说这首诗为什么这么明快?秘诀就在于诗人富有艺术匠心的剪裁。

"山中相送罢,日暮掩柴扉。"一个"罢"字,剪去了多少别时黯然销魂的描写,一个"掩"字,剪去了多少别后寂寞惆怅的描写,这样剪辑处理,极其省净,把一系列场景和过程全都作留白处理了,从而留出了无尽的想象空间。

王维的送别诗,端的是一篇一个模样。

　　万壑树参天,千山响杜鹃。
　　山中一夜雨,树杪百重泉。
　　汉女输橦布,巴人讼芋田。
　　文翁翻教授,敢不倚先贤?
　　　　　　　　——《送梓州李使君》

《送梓州李使君》劈空落笔,悬想梓州的自然风光,一下子将人带进"万壑""千山"的诗情画意中,到处是参天的大树,到处是杜鹃的啼声,既像一幅巨大的山水画，又像一首恢宏的交响乐，画中有声，声中有画，不愧为神来之笔也！

　　山中一夜透雨，树梢百道山泉。这就真是画了，是只有画中才能见到的情景。但你细思其理，就只觉得那是如在眼前的实景，那雨的豪放、山的玲珑、树的苍翠、泉的声响，无不栩栩如生。

　　王维曾作入蜀之游，他是把自己的生活体验，谱写在这送别的乐章之中了。

　　诗的后半部分转写蜀地民情风俗，颇能抓住特点。汉景帝年间，文翁任蜀郡太守。他见蜀地僻陋，有蛮夷之风，乃设立学宫，大兴教化，后世蜀人思之。王维在送别李使君时以文翁治蜀的典故加以劝勉，说他到任后必定追随文翁，教化蜀民，大有作为，这样写是委婉而又得体的。

　　清人马位最爱《送沈子福归江东》中"惟有相思似春色，江南江北送君归"两句，说是一往情深，诗云：

　　　　杨柳渡头行客稀，罟师荡桨向临圻。
　　　　惟有相思似春色，江南江北送君归。

　　照现代的观点看起来，王维的确是个天才情种，他不但感情丰富，而且善于表达感情。在这首诗中，诗人忽发奇想，把对友人的牵挂之情比喻为丰盈明丽、无处不在的春色，从而伴随着友人一路而行，直到他的家乡，这是何等的新颖别致、自然贴切、耐人寻味。

　　这让我想起宋代词人贺铸在《青玉案》中对"愁"的吟咏："试问闲愁都几许？一川烟草，满城风絮，梅子黄时雨。"贺铸用三种具体事物来比喻闲

愁，与王维化相思为烂漫春色有异曲同工之妙。

文学史上那些最成功最优美最出色的诗篇，都是把抽象概念化为日常生活当中的具体物象来描写的，这是一条艺术的规律。

《诗经·邶风·柏舟》："心之忧矣，如匪浣衣。"女子心中的忧伤无处排遣，就好像穿了一件好久没洗过的脏衣服一样难受！

李煜《虞美人》："问君能有几多愁？恰似一江春水向东流。"愁如春水，滔滔不尽，这是多么新鲜、灵动。李商隐《无题》："春心莫共花争发，一寸相思一寸灰！"这又是多么缠绵、迷离。李清照《武陵春》："只恐双溪舴艋舟，载不动，许多愁。"这又一下子使得忧愁有了质感和重量，简直不可思议！

《送张五諲归宣城》诗云："欲归江淼淼，未到草萋萋。"同样是化抽象为形象，实在是妙绝！

　　五湖千万里，况复五湖西！
　　渔浦南陵郭，人家春谷溪。
　　欲归江淼淼，未到草萋萋。
　　忆想兰陵镇，可宜猿更啼？

王维与张諲曾经同隐嵩山，两人的感情是很深的。王维诗集中写张諲的有好几首，如《故人张諲工诗善易卜兼能丹青顷以诗见赠聊获酬之》《戏赠张五弟諲三首》《答张五弟》等。

人之欲归，受困于眼前江之淼淼；人之未到，故乡早已春草萋萋。江水也好，春草也好，都是美好的事物，诗人说起情话来却用景语，比起直接言情还要有情味。

《送张判官赴河西》就写得比较直白,但骨子里却透着自信。

> 单车曾出塞,报国敢邀勋?
> 见逐张征虏,今思霍冠军。
> 沙平连白雪,蓬卷入黄云。
> 慷慨倚长剑,高歌一送君。

当年我曾单车问边,完全出于报国之心,并非邀功求赏——想来今天你也一样。现在你将去追随张征虏,而我则在怀念霍将军。

如今的河西节度使就像这些古人一样,正想建功立业呢。所以我要拔出腰中的宝剑,为你高歌一曲——为了祖国,杀敌去吧!

六　命运不可问

天宝十一年（752）三月，王维丁忧结束，服阕入朝。

此年奸相李林甫死去，继任的却是更为不堪的杨国忠。

唐玄宗后宫宠幸杨玉环，朝政委任杨国忠，边事依仗胡人安禄山，而宫廷内部各派势力为夺嫡正暗流涌动。

王维凡事拎得清，凡事不激烈，他不推波助澜，同流合污，但他无论如何也不可能熟视无睹，无动于衷。他人在朝庭应卯，心却渐渐无法安宁。

哪怕他的官职又升了，他的心却越来越冷淡了。

他非恋栈怀禄,也不会选择激烈的非此即彼的退隐方式。他想将他的"身心相离"法贯穿到底,他想在这个红尘道场中,磨砺自己的心性,看看自己的委运任命究竟能将自己导向何处。

可是他感到越来越孤独。

张九龄死了,孟浩然死了。知南选回朝后,他莫名其妙地选择了暂隐终南山,也许这个隐,并非莫名,而是一种祭奠,一种对知音已逝的祭奠,一种对命运不可问、不可知的敬畏。

前不久,裴耀卿因排挤离去了,綦毋潜因受不了山雨欲来风满楼的朝政瘴气而辞官了,裴迪依然在山林草泽中奔波。

生命,难道就是一个接一个的告别吗?

要告别的不止是朋友,知音。

还有一个辉煌的王朝,一个曾经在仕隐之间优游自如的自己。

755年,安禄山起兵范阳。756年叛军攻陷长安,唐玄宗带着一帮王公皇子、贵戚朝臣仓皇逃往蜀地。当然,还带着他最宠爱的杨贵妃。

随着唐明皇离去的,是大唐曾经荣耀无比的青春意气和灿烂辉煌。

随安史之乱而来的,是无数人不可知的吊诡命运。

抛开王公贵族沦落草间的命运不说,抛开天下生灵陷入涂炭之境不说。这个时候,盛唐的三大诗人,又经历了什么?杜甫前往灵武行在的途中被捕,效忠未成却写就了记录战乱众生相的"三吏三别",从此名垂青史;李白本欲往山林隐遁避世,却在"为君谈笑静胡沙"的理想鼓荡之下投入永王李璘幕,终因叛乱之罪而被流放夜郎,英雄没做成却成了罪人;王维称病自残却终被拘系近一年,哪怕他以《凝碧池》输诚获肃宗赦免,他自己却怎么也逃不开这个污点魔咒。

有裴迪冒死带出的《凝碧池》闻于行在，有弟弟王缙请削己职以赎兄罪，有朝中要员为他斡旋，758 年，陷贼的王维不但没有获罪，还被授为太子中允。760 年，又转为尚书右丞。

但王维无法原谅自己，他陷入了忏悔的深渊中，不断剖析自己。

在《与工部李侍郎中》中，在《谢除太子中允表》中，在《责躬荐弟表》中，在为韦斌所写的神道碑中，他一再自责，一再为自己的忍辱偷生而耻、为失德而耻。

能给予他以宁静的，是山林田园，是佛火经声。

身外之物，他看得越来越轻，他将一个人的生存物质之需，降到了最低限度。

平日里，斋中无所有，唯茶铛、药臼、经案、绳床。

他奉佛饭僧，在供养僧人的慈悲中，感受生之温暖。

他施庄为寺，舍弃了他最爱的辋川，仅留一简陋居室。

他在"舍"中完成对自我的救赎。

他在"空"中完成对自性的提升。

他的"空"是涵盖万有的浑茫，在他一首首表象空寂而内存无限生机的禅意之诗中，你能参悟出难以言传的妙趣。

哀此孤生

750年，王维已到知天命之年。三月初，其母崔氏去世，王维遵照传统，离朝屏居辋川，为母亲守孝。

752年，三年之丧满，王维继任吏部郎中，755年转给事中。

需要解释一下的是，古人所说的三年之丧，实际上只有两年多。以年而论，前后历三个年头，故曰"三年之丧"；以月而论，则前后仅历二十五个月。

王维在为母亲守丧期间，曾写过一首四言诗来酬答友人的拜访，这也是王维集中唯一一首四言诗。《酬诸公见过，时官出，在辋川庄》如下：

嗟余未丧，哀此孤生。屏居蓝田，薄地躬耕。
岁晏输税，以奉粢盛。晨往东皋，草露未晞。
暮看烟火，负担来归。我闻有客，足扫荆扉。
箪食伊何？副瓜抓枣。仰厕群贤，皤然一老。
愧无莞簟，班荆席藁。泛泛登陂，折彼荷花。

静观素鲔，俯映白沙。山鸟群飞，日隐轻霞。

登车上马，倏忽雨散。雀噪荒村，鸡鸣空馆。

还复幽独，重欷累叹。

  这首诗颇有《诗经》四言诗的韵味，读来味长而气永。全诗十五句，三句一换韵。

  诗很简洁，也很古雅，一开篇就是低沉的调子。母亲和妻子都逝去了，又没有一个儿女，只有我一个人孤零零地活在这世间。我隐居在这蓝田，日出而作日入而息，日子过得清苦。听说朋友们来了，高兴得赶忙去剖瓜打枣。我一个老头子侧身在群贤之中，真是愧不敢当。我们一会儿坐在地上，一会儿泛舟池塘，一会儿折着荷花，一会儿观赏游鱼，真是不亦快哉！倏忽之间，太阳下山了，鸟儿归巢了，朋友们也登车离去。我回到空荡荡的房子里，止不住地叹息。

安史之乱

天宝十四年（755）十一月，安禄山举兵向阙。

"渔阳鼙鼓动地来，惊破霓裳羽衣曲。"从此，赫赫大唐有如巨人一样地倒下去了，历史恶作剧式的，在这里转了个弯。

中原之地，已经几十年不闻战鼓之声了。在叛军的进攻下，仓促组建的唐朝官军节节败退，很快潼关失守，唐玄宗被迫逃离长安，到成都避难。銮舆经过马嵬坡，杨国忠为哗变的兵士所杀，唐玄宗被迫令杨贵妃自缢。八年之后，郭子仪、李光弼等人历经艰难困苦，终于收复长安，但昔日大唐盛世的辉煌却一去不复返了。

安史之乱，改变了很多人的命运。

战乱爆发时，李白正奔走在去庐山的路上，他要躲起来。但当永王李璘率军经过庐山时，听说李白在山上，便力邀李白下山。李白心潮澎湃，赋诗道："但用东山谢安石，为君谈笑净胡沙。"他天真地以为，又一个建功立业的美好时代来临了。然而，他跟错了人，此时唐肃宗李亨已在甘肃灵武即位，李璘还想争天下，结果被李亨宣布为叛乱，最终李璘兵败被杀，李白也被流放到

夜郎。

另一个伟大诗人杜甫却因安史之乱而成就了他"诗圣""诗史"的不朽名声。长安陷落后，他和难民们一起踏上逃亡之路，受尽颠沛流离之苦。在这个过程中，他对广大人民所遭受的苦难有了更深刻的认识，用诗歌记录下了唐朝由盛到衰的历史，写下了惊天地泣鬼神的"三吏三别"。

王维的命运是第三条道路。叛军攻陷长安后，王维追随唐玄宗不及，被安禄山所获。起初，王维是绝不肯合作的。但安禄山哪肯轻易放过他？

史书是这样记载的："禄山陷两都，玄宗出幸，维扈从不及，为贼所得。维服药取痢，伪称瘖病。"

王维这样做，既显示了他性格中软弱的一面，又表现着他对于唐王朝的忠诚。但他的种种逃避都没有奏效，最后，在备受折磨、侮辱之后，他被叛军捆缚，用武力押送到了洛阳，被拘于菩提寺（即普施寺）中。

《凝碧池》诗

清康熙年间，有个秀才叫褚人获的，博采正史、野史、杂记、民间传说、文人创作等素材，以隋唐宫廷故事和草莽英雄事迹为主线，编写了一部历史演义小说《隋唐演义》，第九十三回讲的就是"凝碧池雷海青殉节，普施寺王摩诘吟诗"。

褚人获站在普通人的视角，来看凝碧池头的那桩往事，写得也是有声有色、有情有义。我把原文略加剪裁，抄在下面，有几句点评，是我加的。

那日凝碧池头，便殿上排设下许多筵席。安禄山上坐，安庆绪侍坐于旁，众人依次列坐于下。酒过数巡，殿陛之下，先大吹大擂，奏过一套军中之乐，然后梨园子弟、教坊乐工，按部分班而进。第一班按东方木色，为首押班的乐宫头戴青霄巾，腰系碧玉软带，身穿青锦袍，手执青幡一面，幡上书东方角音四字，其字赤色，用红宝缀成，取木生火之意。幡下引乐工子弟二十人，都戴青纱帽，着青绣衣，一簇儿立于东边。第二班按南方火色，为首押班的乐官头戴赤霞巾，腰系珊瑚软带，身穿红锦袍，手

执红幡一面，幡上书南方徵音四字，其字黄色，用黄金打成，取火生土之意。幡下引乐工子弟二十人，都戴绛绢冠，着红绣衣，一簇儿立于南边。第三班按西方金色，为首押班的乐宫头戴皓月巾，腰系白玉软带，身穿白锦袍，手执白幡一面，幡上书西方商音四字，其字黑色，用乌金造成，取金生水之意。幡下引乐工子弟二十人，都戴素丝冠，着白绣衣，一簇儿立于西边。第四班按北方水色，为首押班的乐宫头戴玄霜巾，腰系黑犀软带，身穿黑锦袍，手执黑幡一面，幡上书北方羽音四字，其字青色，用翠羽嵌成，取水生木之意。幡下引乐工子弟二十人，各戴皂罗帽，着黑绣衣，一簇儿立于北边。第五班按中央土色，为首押班的乐宫头戴黄云巾，腰系密蜡软带，身穿黄锦袍，手执黄幡一面，幡上书中央宫音四字，其字以白银为质，兼用五色杂宝镶成，取土生金，又取万宝土中生之意。幡下引乐工子弟四十人，各戴黄绫帽，着黄绣衣，一簇儿立于中央。五个乐官，共引乐人一百二十名，齐齐整整，各依方位立定。

才待奏乐，禄山传问："尔等乐部中人，都到在这里么？"众乐工回称诸人俱到，只有雷海青患病在家，不能同来。禄山道："雷海青是乐部中极有名的人，他若不到，不为全美。可即着人去唤他来。就是有病，也须扶病而来。"左右领命，如飞的去传唤了。禄山一面令众乐人，且各自奏技。于是凤箫龙笛，象管鸾笙，金钟玉磬，秦筝羯鼓，琵琶箜篌，方响手拍，一霎时，吹的吹，弹的弹，鼓的鼓，击的击，真个声韵铿锵，悦耳动听。乐声正喧时，五面大幡，一齐移动。引着众人盘旋错综，往来飞舞，五色绚烂，合殿生风，口中齐声歌唱，歌罢舞完，乐声才止，依旧各自按方位立定。禄山看了心中大喜，掀髯称快，说道："朕向年陪着李三郎饮宴，也曾见过这些歌舞，只是侍坐于人，未免拘束，怎比得今日这般快意。今所不足者，不得再与杨太真姊妹欢聚耳。"李三郎者，唐玄宗李隆基也；杨太真者，杨贵妃杨玉环也。又笑道："想我起兵未久，便得了许多地方，东西二京，俱为我取，赶得那李三郎有家难住，有国难守，平时费了许多心力，教成这班歌儿舞女，如今不能自己受用，倒留下与朕躬受用，岂非天数。朕今日君臣父子，相叙宴会，务要极其酣畅，众乐人可再清歌一曲助兴。"

那些乐人，听了禄山说这番话，不觉伤感于心，一时哽咽不成声调，也有暗暗堕泪的。禄山早已瞧见，怒道："朕今日饮宴，尔众人何得作此悲伤之态！"令左右查看，若有泪容者，即行斩首。众乐人大骇，连忙拭去泪痕，强为欢颜；却忽闻殿庭中有人放声大哭起来。你道是谁？原来是雷海青。他本推病不至，被禄山遣人生逼他来。及来到时，殿上正歌舞的热闹，他胸中已极其感愤，又闻得这些狂言悖语，且又恐吓众人，遂激起忠烈之性，高声痛哭。当时殿上殿下的人，尽都失惊。左右方待擒拿，只见雷海青早奋身抢上殿来，把案上陈设的乐器，尽抛掷于地，指着禄山大骂道："你这逆贼，你受天子的厚恩，负心背叛，罪当万剐，还胡说乱道！我雷海青虽是乐工，颇知忠义，怎肯服侍你这反贼！今日是我殉节之日，我死之后，我兄弟雷万春，自能尽忠报国，少不得手刃你等这班贼徒！"禄山气得目瞪口呆，一句话也说不出来，只教快砍了。众人扯下举刀乱砍，雷海青至死骂不绝口。

……且说雷海青死节一事，人人传述，个个颂扬，没曾想感动了一个有名的朝臣。那臣子不是别人，就是前日于上皇前奏对钟馗履历的给事中王维。王维博学多能，书画悉臻其妙，名重一时。尤精于乐律，其所著乐章，梨园教坊争相传习。曾有友人得一幅奏乐画图，不识其名，王维一见便道："此所画者，乃霓裳第三叠第一拍也。"当时有好事者，集众乐工，奏霓裳之乐；奏到第三叠第一拍，一齐都住着不动，细看那些乐工，吹的

弹的敲的击的,其手腕指尖起落处,与画图中所画者,一般无二。众人无不叹服。当禄山反叛,上皇西幸之时,王摩诘仓猝间不及随驾,为贼所获。乃服药取痢佯为病疾,不受伪命。禄山素重其才名,不加杀害,遣人伴送至洛阳。拘于普施寺中养病。王维性本极好佛,既被拘寺中,惟日以禅诵为事。当日正在悲思,忽闻人言雷海青殉节于凝碧池,因细询缘由,备悉其事,十分伤感。又想那梨园教坊所习的乐章中,多是我的著作,谁知今日却奏与贼人听,岂不大辱我文字。又想那雷海青虽屈身乐部,其平日原与众不同,是个有忠肝义胆的人,莫说那贼人的骄态狂言,他耳闻目见,自然气愤不过。又想那凝碧池在宫禁之中,本是我大唐天子游幸的所在,今日却被贼人在彼宴会,便是极伤心惨目的事了。想到其间,遂取过纸笔来,题诗一首云:

万户伤心生野烟,百官何日再朝天?

秋槐叶落空宫里,凝碧池头奏管弦。

王维这首诗,只自写悲感之意,也不曾赞到雷海青,也不曾把来与人看。不想那些乐工子弟,被禄山带至东京,他们都是久仰王维大名的,今闻其被拘在普施寺,便常常到寺中来问候。因有得见此诗者,你传我诵,直传到那肃宗行在。肃宗闻知,动容感叹,因便时时将此诗吟讽。只因诗中有凝碧池三字,便使雷海青殉节之事愈著。到得贼平之后,肃宗入西京褒赠死节诸臣,雷海青亦在褒赠之中。那些降贼与陷于贼中官员,分别定罪。王维虽未曾降贼,却也是陷于贼中,该有罪名的了。其弟王缙,时为刑部侍郎,上表请削己之官,以赎兄之罪。肃宗因记得凝碧池这首诗,嘉其有不忘君之意,特旨赦其罪,仍以原官起用。

褚人获以上所述,唯有一处与史书所载不同,就是此诗是王维的好友裴迪

冒死带出去的，目的当然也是为了救王维。

王维此诗题目很长，确切地说是个诗序，题为《菩提寺禁裴迪来相看，说逆贼等凝碧池上作音乐，供奉人等举声便一时泪下，私成口号，诵示裴迪》。

诗序的大意是说，王维被安禄山拘囚在洛阳菩提寺中，昔日的朋友裴迪前来探监，给王维讲了轰动天下的凝碧池头雷海青殉节的事，王维听了很是伤感，随口吟成此诗。裴迪凭着记忆将此诗带了出去，随即将其传扬开来。

此诗写得沉痛、婉曲、深长。战乱爆发，遍地狼烟，玄宗西狩，百姓无主。秋天的槐树簌簌地落下叶子，凝碧池头乐工的管弦奏着悲音，显得这辉煌的宫殿愈发寂寥。啊，我能说什么呢？

古人评此诗说："有无限说不出处，而满腔悲愤俱在其中。"

这首诗对王维后半生的命运曾发生过重大作用。史载，唐军收复长安和洛阳后，曾对陷贼官以六等定罪，重者刑于市，次赐自尽，次重杖一百，下面还有三等或流或贬。按理说，王维陷贼后曾被授予伪职给事中，罪不在轻，但结果却被唐肃宗赦免，降为太子中允，很快又升任太子中庶子、中书舍人、尚书右丞。

王维的幸运从何而来？

一是他的弟弟王缙此时官位已高，上书表示愿削去自己的官职为其兄赎罪，另一个原因就是这首《凝碧池》，唐肃宗读了之后，很受感动，这说明，唐肃宗对王维的政治立场还是肯定的。

所以，安史之乱平定之后，王维虽与郑虔、卢象、薛据等陷贼官一起被收系并勒送长安，拘囚在宣阳里杨国忠旧宅等候发落。起初，王维是惊慌失措的，但幸运的是，王维逃过了此劫。

但王维的心灵还是受伤了，此后，他一直在追悔中度日，似乎再也没有恢复先前的元气。

奉佛饭僧

一个最为表象的变化是，经此劫难之后，王维过起了静坐参禅、青灯古佛的生活。

史书上是这样记载的："在京师，日饭十数名僧，以玄谈为乐。斋中无所有，唯茶铛、药臼、经案、绳床而已。退朝之后，焚香独坐，以禅诵为事。"这段细致如画的描述，应该就是王维复官后直至去世前三四年间日常生活的写照。

758年，唐肃宗加给王维太子中允官职后，王维曾经上呈奏章辞谢。他无比沉痛地说："……秽污残骸，死灭余气，伏谒明主，岂不自愧于心？仰厕群臣，亦复何施其面！跼天内省，无地自容。……臣夙有诚愿，伏愿陛下中兴，逆贼殄灭，臣即出家修道，极其精勤，庶裨万一。……臣得奉佛报恩，自宽不死之痛，谨诣银台门冒死陈请以闻。"从这篇奏章里可以看到，王维复官之后，他的内心是很痛苦的，于是滋生了"奉佛报恩"思想，施寺饭僧、焚香诵经等举动，正是这一思想的反应。

下面这首诗为我们打开了一扇窗。

晚知清净理，日与人群疏。
将候远山僧，先期扫敝庐。
果从云峰里，顾我蓬蒿居。
藉草饭松屑，焚香看道书。
燃灯昼欲尽，鸣磬夜方初。
一悟寂为乐，此生闲有余。
思归何必深，身世犹空虚。

——《饭覆釜山僧》

这是王维招待了来自覆釜山的僧人后所作。

诗是这样写的：自从明白了佛家的清净之理后，就与世人渐渐疏远了。我早早地把屋子收拾干净了，虔诚地等待僧人的到来。僧人像从云端突然降临一般，使我的居所顿时蓬荜生辉。招待的饭食很清洁，坐处也很朴素，这很适合出家之人。饭后，我们在一起研习佛教经典，一看就是好几个时辰，入夜又开始做法事。

这样的生活是平淡的，我却深深喜爱。我难道是已经彻悟了吗？快从现实的烦恼中解脱出来吧，真正的快乐是寂灭和涅槃。既然生死都不重要了，当不当官又有什么可恋的？

另一首诗《叹白发》就显得更加心境苍凉了。

宿昔朱颜成暮齿，须臾白发变垂髫。

　　一生几许伤心事，不向空门何处销。

　　短短的四句，概括了他的一生。这是一个老人的自语，是一个过来人的自悟。他不是在向世人诉说，也不是在祈求同情与共鸣。他是向他的神说的，向他自己的灵魂说的，他也可以不说，甚至不写下来。但他说了也就说了，写了也就写了，就像声音经过太空，刹那生灭，了无痕迹。

　　"一生几许伤心事"，他想说什么呢？欲言又止，还是无从说起，还是根本不必说？这诗句的涵义太丰富了。

　　其实，作者真正想说的，是最后一句，是他的解脱之法——不向空门何处销？

　　然则，即便遁入空门，又能消解什么？天下事，了犹未了，何妨以不了了之，如此而已。

施庄为寺

至于施舍辋川庄为寺庙，更加表明王维对于身外的一切已无依恋。

> 臣维稽首：臣闻罔极之恩，岂有能报？终天不返，何堪永思！然要欲强有所为，自宽其痛，释教有崇树功德，弘济幽冥。臣亡母故博陵县君崔氏，师事大照禅师三十余岁，褐衣蔬食，持戒安禅，乐住山林，志求寂静。臣遂于蓝田县营山居一所，草堂精舍，竹林果园，并是亡亲宴坐之馀，经行之所。臣往丁凶衅，当即发心，愿为伽蓝，永劫追福。比虽未敢陈请，终日常积恳诚。又属元圣中兴，群生受福，臣至庸朽，得备周行，无以谢生，将何答施？愿献如天之寿，长为率土之君，惟佛之力可凭，施寺之心转切。效微尘于天地，固先国而后家，敢以鸟鼠私情，冒触天听？伏乞施此庄为一小寺，兼望抽诸寺名行僧七人，精勤禅诵，斋戒住持，上报圣恩，下酬慈爱。无任恳款之至。

——《请施庄为寺表》

但是,王维对于其弟王缙的情义似乎还没有冷却。761年春,王维上《责躬荐弟表》,乞求皇帝尽削己官,把自己放归田里,而使自己的弟弟得还京师。这是王维用生命中最后的一点力气写给皇帝的最后一篇奏章。五月,唐肃宗除王缙为左散骑常侍。七月,王维卒。

史载,王维葬于辋川,他对于辋川终究还是念念不忘的。

天下文宗

王维是开元、天宝年间最有名望的诗人，当时李白、杜甫的名望都不如他。天宝末年，殷璠编《河岳英灵集》，列王维为盛唐诗人之首。直到贞元、元和时，李、杜在唐人心目中的地位才高于王维。

762年，唐代宗即位，随即下诏编撰王维集。此时王缙官位已显，但尚未拜相。于是，为其兄长编撰诗文集的任务当仁不让地落在了王缙身上。王缙很快编撰完毕上呈皇上，从此，"朝廷左相笔，天下右丞诗"的名声遂流传开来。

王缙《进王维集表》上奏后，唐代宗再次下诏，称誉王维为"天下文宗""名高希代"。

我们可以读一读载在《全唐文》里的这一表一诏。

　　臣缙言：中使王承华奉宣进止，令臣进亡兄故尚书右丞维文章。恩命忽临，以惊以喜，退因编录，又窃感伤。臣兄文词立身，行之余力，常持坚正，秉操孤贞，纵居要剧，不忘清静，实见时辈，许以高流。至于晚

年,弥加进道,端坐虚室,念兹无生,乘兴为文,未尝废笔,或散朋友之上,或留箧笥之中。臣近搜求,尚虑零落,诗笔共成十卷,今且随表奉进。曲承天鉴,下访遗文,魂而有知,荷宠光于幽夕;没而不朽,成大名于圣朝。臣不胜感戴悲欢之至,谨奉表以闻。臣缙诚惶诚惧,顿首顿首,谨言。宝应二年正月七日,银青光禄大夫尚书兵部侍郎兼御史大夫臣缙表上。

——王缙《进王维集表》

卿之伯氏,天下文宗。位历先朝,名高希代。抗行周雅,长揖楚词。调六气于终篇,正五音于逸韵。泉飞藻思,云散襟情,诗家者流,时论归美。诵于人口,久郁文房,歌以国风,宜登乐府。旰朝之后,乙夜将观。石室所藏,殁而不朽,柏梁之会,今也则亡。乃眷棣华,克成编录,声猷益茂,叹息良深。

——唐代宗《答王缙进王维集表诏》

那么,王维究竟为我们留下了多少诗篇呢?三百七十六首。

这样的成绩,已属难得。

七 山水禅境

山水田园诗,是中国古代诗歌中重要的一脉。

在王维之前有,比如陶渊明的田园诗和谢灵运的山水诗。

与王维同时的有,比如与他并称"王孟"的孟浩然的诗。

在王维之后有,比如宋代范成大的田园诗。

王维的独特之处在于,他第一次在山水田园诗里注入了禅的质素,他的山水田园诗空灵渊洁而不乏诗意美感。

他的山水田园诗中包含着隽永的禅味。

禅是什么?

禅是活泼泼的生机。王维的山水诗，表面上一片渊静的空寂，内里却蕴含着天机大化周行不殆的无限生机。空中有色，静中有动，寂中有烈，虚中有实。比如《鹿柴》《辛夷坞》《鸟鸣涧》《山居秋暝》等等。在这里，自然万物以没有遮蔽的自然状态呈现，在空寂渊静中，透射出弥满的生命力和周流不滞的生机。人唯有以同样无遮蔽的状态敞开自己，才能领会其中的美妙与奥义。

禅是自在。物以自在状态生存，人以自在状态生活。世间万物，各得其所。比如《田园乐七首》中的那些人与物。那个"崆峒散发"的人，那人"高卧东窗"的人，那个一瓢自乐的人，那个莺啼犹眠的山客，那个酌酒临泉水、抱琴倚长松、南园折朝葵、东谷春黄粱的闲人。当然，还有日暮黄昏时分自归村巷的牛羊。

禅是随缘。所谓的随缘，就是消弭固执与对立，消弭紧张和焦虑，消弭妄念和差别心，以朴素自然的心情、随缘自适的态度，面对一切变动不居。比如《终南别业》中，当"行到水穷处"时，不必像阮籍一样穷途恸哭，不必像陆游一样预设一个"柳暗花明又一村"的美妙结局，你要做的便是"坐看云起时"，以随缘自适之心面对所遇的境况，触处生春。

禅是适意。所谓的适意，不是以外部条件或某种关系为标准来决定自己的状态，而是"何往而不适"的心安。比如《酬张少府》一诗中，当年轻的张少府问他"穷通理"时，他回答了一句"渔歌入浦深"。何谓"通"？通，不是出世隐居挂冠而去，不是"天下有道则现，天下无道则隐"的选择，而是唱着渔歌，驾着渔船，向着渔浦深处靠岸，回归。有家可回就是"通"，有归宿感就是"通"，心灵能找到安适之地就是"通"。

禅的新质素

王维诗歌中最具个人特色、最能体现他的文学才华的，还是关于山水田园的作品。这些诗不仅情景并茂、声光交织，而且玲珑剔透、富有禅意，为后世留下了一个十分嫣美而又空寂的艺术世界。

嫣美者，是指这些诗不论从形式、声律、意境上都具有新鲜的美感，葛晓音说："田园诗的自然美和理想美已在王孟的诗中得到了纯度最高的表现，才使后来者很难踵及其艺术上的巨大成就。"的确是这样。

空寂者，是指这些诗里第一次融入了禅的新质素，从而使诗境更加空灵、渊深、洁净，就像一个内外清澈的琉璃世界。

以禅入诗，的确是从王维开始才带给我们的新惊喜。

那么，禅是什么？

赵州从谂禅师说："禅者，活泼泼也，非枯木死灰。"这就是了。

禅是一种生命状态或者说生命体验，充满生机而又富有灵性。

禅的本质是悟，而不是一个依赖言说的道理。

因此，禅与诗有着内在的相通性，禅是宗教体验与审美体验的融合物。

比如《鹿柴》:

空山不见人,但闻人语响。
返景入深林,复照青苔上。

整首诗没有完整的景物画面,没有游览者的行动过程,它只是撷取了两件事物——声音和光的变化,便精准地呈现了空山的静谧与幽深,以及含蕴其中的深长意味——世界的空寂与虚无。

诗至于感性,它给出了提示,让人受到感染,然后就停留在那里了。这正是禅的方式。

美学家李泽厚先生说:"王维的某些诗比好些禅诗便更有禅味。……它们通过审美形式,把某种宁静淡远的情感、意绪、心境引向去融合、触及及领悟宇宙目的、时间意义、永恒之谜……从而几乎直接接近了禅所追求的意蕴和'道体',而并不神秘。"《辛夷坞》就是这样:

木末芙蓉花,山中发红萼。
涧户寂无人,纷纷开且落。

山谷溪涧之处,辛夷花自开自落,不为生而喜,也不为灭而悲。

它有美丽的生命,但这美丽并不是为了某种目的而存在的,存在本身就是它的意义。

当你从尘世的喧嚣中欣欣走来,在山谷溪涧中忽见一树春花,也许真的就体会到什么是万物的本相和自性;而当你再次回到尘世的喧嚣中时,也许有时你会想念那株山中的辛夷花,无声地开,无声地落。

《鸟鸣涧》和《山居秋暝》都富有禅意。

《鸟鸣涧》描写的是云溪山中春夜的静谧和迷人。

人闲桂花落,夜静春山空。
月出惊山鸟,时鸣春涧中。

这首诗最突出的一个特点就是,景物自然兴发与演出,也就是让自然以自我呈现的方式自然呈现,作者完全不以主观的情绪或知性的逻辑介入去扰乱眼前景物内在生命的生长与变化的姿态。王维诗中,这样的例子是很多的,比如《辛夷坞》《秋夜独坐》《山中》等等。

诗是这样写的,此刻我的内心十分宁静,可以听到桂花在晚风中徐徐飘落的声响,这一切愈发使我感到春夜的寂静和山林的空旷。月亮从东山那边升起来,给群山抹上了清柔的光辉;本来在黑夜中沉睡的山鸟,被明亮的月光惊醒了。这些栖息在山涧两旁树上的鸟儿,它们时断时续的鸣声,在山涧中回荡。

写到这里,诗人很巧妙地点出了诗题《鸟鸣涧》。而月出、鸟惊、啼鸣这些动态的声响,都发生在寂静、空旷的春山之中,因此它们并没有破坏环境的寂静,却反衬和加深了环境的寂静。但这里的寂静并不是死灭,而是富有生命活力的。这样,山中春天月夜的静景,在读者的心目中也就显得甜美、温馨、迷人起来了。

清人徐增说:"夫鸟与涧同在春山之中,月既惊鸟,鸟亦惊涧,鸟鸣在树,声却在涧,纯是化工,非人力所及也。"

《鸟鸣涧》的境界,是我们内心深处可望而不可即之处。

空山新雨后,天气晚来秋。
明月松间照,清泉石上流。
竹喧归浣女,莲动下渔舟。
随意春芳歇,王孙自可留。

——《山居秋暝》

对于这首诗,我们可以这样解读:

秋的况味是高远而辽阔的,秋山的况味是疏朗而洁净的,何况是雨后,何况是明月相照。世界在暮色中安静下来,从喧嚣与尘土中脱出,散发淡淡的光辉,显示出它内蕴的美与纯洁。

但它并没有停止转动。月光在松林中静静地照耀,清泉在山石上缓缓地流淌。竹林中传来洗衣女子的嬉笑,荷塘里渔舟的滑行荡开了荷叶。大自然的一切律动,都是那么优美和谐,像一曲恬静的乐曲。

"你真美啊,请你停留!"

王维以及同辈的山水诗人中,描写虚、空、寂、静的自然之境特别多,在这些诗中,静中之动、动中之静、寂中之音、音中之寂、虚中之实、实中之虚等等,原是天理的律动,所以无需演绎,也无需费词,每一物象如其所是地展露其在时空中的关系,明彻如画。

所以,这里的"空山"跟《鹿柴》中的"空山"一样,并非无人,也并非无物,乃是一种"境",一种不染尘俗、先天而生的"境"。

正如唐诗研究专家李从军先生所指出的:"在王维的诗歌中,存在着双重意境,画面的和谐与美感构成了他诗歌的'第一意境';而在'第一意境'后面,是更为高级的、充满空灵和神韵的'第二意境'。在'第二意境'中,人们被无形的绳索牵引着,进行再创造,去体会感应美、情和哲理所升华的境

界。在迷离的想象中，各种情丝缠绕交织在一起，或是满足，或是怅恨，或是超忽，在若有若失的迷惘中，去追求某种永恒的存在和对人生真谛的感悟。"

因此，这里的"明月松间照，清泉石上流"并不是纯客观的景物描写，它是诗人在自然中随意摄取多个元素重新建构的结果，它包含山水固有的美，同时又体现着诗人的理想和心境。

山水有清音

那么,对于自然美的表现,王维究竟达到了怎样的高度和纯度呢?《终南山》也许是一个很好的例子。

> 太乙近天都,连山到海隅。
> 白云回望合,青霭入看无。
> 分野中峰变,阴晴众壑殊。
> 欲投人处宿,隔水问樵夫。
>
> ——《终南山》

终南山是秦岭山脉的一段,西起宝鸡眉县,东至西安蓝田,连绵数百里,千峰叠翠,景色幽美。终南山的最高峰太乙峰高高耸立,快要接近天上的都城了,由终南山绵延而去的山峦直达大地的尽头。

王维此诗为偌大一座终南山写照,于四十个字之中,瞬间就把握了世界的全体,这是由盛唐诗人的世界观所决定的,也唯有盛唐诗人才有这么大的视野

和魄力。

沈德潜说:"'近天都'言其高,'到海隅'言其远,'分野'二句言其大。"这个评论是很对的。但我们感兴趣的是诗人的视角,以及他如何来把握山的整体。

那么,我们看到,第一联和第三联是诗人站在超越的视角,从上从外俯瞰这座山时所见,写出了终南山的巍峨、绵长和庞大。

第二联则是诗人身入深山时所见所感。山雾如云,自由自在地飘着。人行走在山中,一会儿进入雾里,一会儿又穿出雾外。当你穿出雾外时,那雾在你身后又轻轻地合拢来了。雾中的山峦是湿润的,远远望去是青青的一片,可你却永远抓不住它。等你走近它时,你就消失在其中而看不见它了。

尾联奇峰突起,一改前面六句完全写景的路子,用一个对话镜头把整首诗都带活了。

空山人语,打破寂静,而且这寂静是以如此巍峨、绵长和庞大的终南山作为背景的,而且这忽然发出的人声还隔着水流,一定会在空山里激起长久的回响。

于是,这山被赋予了生命,大自然的美与人融为一体。于是,这终南山绝对不是静止和死寂的。静止和死寂的山有什么存在的必要呢?

如果说《终南山》是山水诗,那么《渭川田家》就是田园诗。不,这样区分是没有道理的。由陶渊明所开创的田园诗和由谢灵运所开创的山水诗,到了盛唐时代已经出现融合的趋向。这是因为诗人们的创作环境变了,他们的山水诗篇,实际上大多是写他们自己修建的别墅庄园,真正的村居生活已经离他们很远了。

斜阳照墟落，穷巷牛羊归。

野老念牧童，倚杖候荆扉。

雉雊麦苗秀，蚕眠桑叶稀。

田夫荷锄至，相见语依依。

即此羡闲逸，怅然吟式微。

——《渭川田家》

我们在这世间走着我们的历程，就像推着石头上山，永远也推不上去，并且永远没有停下来的希望。这使我们焦虑，但这焦虑没法解除。有时候，我们愿意跑到诗里去，为的是歇一歇，给心灵一片可以憩息的土地。"怅然吟式微"就是这个意思。

《式微》是《诗经·邶风》中的一篇，诗中反复咏叹："式微，式微！胡不归？"意思是：黄昏了，为什么还不回去呢？

王维的这篇诗就是他精心虚构的桃花源，是他心灵的净土。在王维笔下，我们看到乡村淳朴的生活，这里没有机巧和追逐，没有失意和彷徨，没有焦虑和喧嚣，农人的日子显得恬静而安闲。

暮色中，牛羊缓缓下来，没入深巷。柴门外，老人拄着拐杖，迎候着放牧归来的小孩。麦地里的野鸡叫得欢畅，在呼唤自己的伴侣；桑林里的桑叶所剩无几，蚕儿开始吐茧营造自己的窝。田夫扛着锄头归来，在田间小道上依依絮语，忘了归去。

一切皆有所归，唯独我们在这世上没有归宿。

《田园乐七首》也是表现自然美。

其一
厌见千门万户,经过北里南邻。
喋蹀鸣珂有底,崆峒散发何人。

其二
再见封侯万户,立谈赐璧一双。
讵胜耦耕南亩,何如高卧东窗!

其三
采菱渡头风急,策杖林西日斜。
杏树坛边渔父,桃花源里人家。

其四
萋萋芳草春绿,落落长松夏寒。
牛羊自归村巷,童稚不识衣冠。

其五
山下孤烟远村,天边独树高原。
一瓢颜回陋巷,五柳先生对门。

其六
桃红复含宿雨,柳绿更带春烟。
花落家僮未扫,莺啼山客犹眠。

其七

酌酒会临泉水，抱琴好倚长松。

南园露葵朝折，东谷黄粱夜舂。

《田园乐七首》又称《辋川六言》，这是王维在艺术形式上的新尝试。

前人概括这七首诗的内容，说它们分别写出了景之胜、俗之朴、地之幽、供之淡和身之闲，极尽了田园之乐。

如果我们对王维的所有诗篇通读一过就会发现，王维写得最多的、运用最为娴熟的诗歌形式是五言，这包括五律、五绝和五古，而七绝和七律并不是他的擅长。七律直到杜甫那里才真正成熟起来并达到巅峰。

六言绝句是七绝的变体，虽然只少了一个字，但语言节奏却发生了很大变化。六言诗全部是由双音节词组构成，句式变化很少，要么是二四式，要么是四二式，要么是二二二式。但无论哪一式，都很少有虚词虚字，所以每个词所承担的诗意浓度也更高。要想把六言诗写好，难度是很大的。

像我们熟知的马致远《天净沙·秋思》："枯藤老树昏鸦，小桥流水人家，古道西风瘦马。夕阳西下，断肠人在天涯。"并不是六言绝句，而是散曲，不过前三句的确是让人过目难忘的六言体。王维《田园乐七首》"山下孤烟远村，天边独树高原""萋萋芳草春绿，落落长松夏寒""花落家僮未扫，莺啼山客犹眠"等句，都达到了很高的艺术水准，这在唐代诗歌史上是颇为罕见的。

王维有不少诗篇是写寺庙的，比如《谒璿上人》《登辨觉寺》《蓝田山石门精舍》《游感化寺》《过香积寺》等。这些写寺庙的诗仍然可以归到表现自

然美的范畴。

> 暮持筇竹杖,相待虎溪头。
> 催客闻山响,归房逐水流。
> 野花丛发好,谷鸟一声幽。
> 夜坐空林寂,松风直似秋。

——《过感化寺昙兴上人山院》

这首诗的写法很别致。写寺庙却不从寺庙落笔,且全诗无一字写寺。本是作者去化感寺拜访昙兴和尚,诗却从被访者一方落墨。先写昙兴和尚日暮策杖溪头相待,后写客散后上人归房途中所见之美景,最后写上人夜坐参禅时寺庙的萧森气象。

作者为什么要这样子写呢?我认为,首先一点,作者应该是和昙兴和尚一起经历了这整个的过程的,而不应该是悬想;其次,从昙兴和尚的眼中来看这世界,要比从作者的眼中来看要好得多。

"野花丛发好,谷鸟一声幽。"这句子多美!

诗中还用了一个典故,使人不觉。东晋时有位高僧慧远,相传他曾住在庐山东林寺中,潜心研究佛法。为表示决心,曾以寺前的虎溪为界,立一誓约:"影不出户,迹不入俗,送客不过虎溪桥。"

不过,有一次诗人陶渊明和道士陆修静过访,三人谈得极为投契,不觉天色已晚,慧远送出山门。忽听山崖密林中虎啸风生,悚然间发现,早已越过虎溪界限了。三人相视大笑,执礼作别。

王维从官场尘世来,走入这清幽寂静的寺庙中,心一下子就庄严肃穆起来了。这也是这首诗给我们的感觉。

王维写寺庙的诗中最著名的是《过香积寺》：

不知香积寺，数里入云峰。
古木无人径，深山何处钟。
泉声咽危石，日色冷青松。
薄暮空潭曲，安禅制毒龙。

香积寺是"佛教八宗"之一"净土宗"的祖庭，是唐代长安著名的寺庙，同时也是中国和日本净土宗共同的祖庭。当地人称，"去过香积寺，平安又无事"。

清人赵殿成《王右丞集笺注》对本诗有很好的解说："此篇起句极超忽，谓初不知山中有寺也。迨深入云峰，于古木深丛人踪罕到之区，忽闻钟声，而始知之。四句一气盘旋，灭尽针线之迹，非自盛唐高手，未易多靓。'泉声'二句，深山恒境，每每如此。下一'咽'字，则幽静之状恍然；著一'冷'字，则深僻之景若见，昔人所谓诗眼是矣。"

这个解释很有深度，也入情入理。王维本不知道香积寺在山中何处，但他大约知道山中有那么一个香积寺。所以当他在山中走着时，也许是在寻觅时，忽然听到钟声，便有无限欢喜——原来寺庙就在这里！这样写，符合生活的真实，也符合心理的真实，使刻意的安排变得像自然流出一样，所以好。

有一个故事说，宋徽宗时期，京城的画院要招收一名画师，主考官出的题目是《深山藏古寺》。有四个应考者交上了自己满意的作品。第一幅画的是，深山里树木环抱，中间有一座寺庙；第二幅画的是，密林深处仅仅露出寺庙的一角；第三幅画的是，深山老林里并没有寺庙，只有一幅高高飘扬的幡。正当

主考官失望的时候,却有一幅画深深吸引了他:在崇山之中,一股清泉飞流直下,跳珠溅玉,泉边有个老态龙钟的和尚,正一瓢一瓢地舀着水倒进桶里。主考官连声叫好:"这才是'魁选'之作呀!"

王维写香积寺的绝妙构思,跟这个画师如出一辙。

"泉声咽危石,日色冷青松"二句把泉声人化了,把青松也人化了,泉声仿佛有什么幽怨似的,日色也仿佛给人以温暖的感觉,一个"咽"字,一个"冷"字,炼字精妙,堪称"诗眼"。

坐看云起时

《终南别业》是王维山水诗的代表作之一，尤其是其中"行到水穷处，坐看云起时"两句，可以拿来作为"山水禅境"的一个形象注解。关于这两句诗，我想了很久，越想越觉得好。

中岁颇好道，晚家南山陲。
兴来每独往，胜事空自知。
行到水穷处，坐看云起时。
偶然值林叟，谈笑无还期。

——《终南别业》

读这首诗时，首先我就发生一个疑问，"水穷处"在哪里？什么叫"水穷处"？

南山有水，汇流成溪，涓涓而下，莫知其源。诗人攀岩涉险，溯流而上，想看个究竟。但走到最后，溪流却消失不见了。那么，溪流到哪里去了呢？难

道世上本"无"的东西，还能生出一个"有"来？诗人仰望高空，怅然若失。只见天上白云飘来飘去，旋生旋灭。噫，浮云是从哪里来的，又要到哪里去呢。诗人似有所悟。

如果你想到这里就不想了，不一定要打破砂锅问到底，这种态度叫作"放下"。世界太奇妙了，人生太奇妙了，你想不明白啊。想不明白还要去想，那不是自寻烦恼吗？反正你又不想成为哲学家什么的，好好活在当下、享受当下就好了，这叫作"解脱"。

还是"水穷处"这个问题，你还可以继续想：水没有了，并不是真没有。它可能是掩盖在地表之下了，等待人们去凿开泉眼。也可能是这样，雨水只是顺着沟洫，暂时在这里汇集，现在涧水已经干涸，只剩下一个空潭。想到这里，诗人索性坐下来，看天上云卷云舒。哦，原来涧水被太阳蒸发掉了，变成云了，云又可以变成雨，雨落下来，山涧又会叮咚作响，何必绝望？

人生也是如此。在生命的历程中，你勇往直前、义无反顾地往前走，追求着某种终极的意义，但是，走到最后，你竟然发现那个意义并不存在，甚至那条路本身就是一条"绝"路。

此时，一种山穷水尽、悲哀失落的情绪袭上心来。怎么办呢？生存还是毁灭，消沉还是奋起，放下还是执着？

王维告诉我们，"行到水穷处，坐看云起时"。水穷何碍？云起何干？随缘适意，不紧不慢，行于所当行，止于不可止。即便没有路，当下即是意义所在。

人生的绝境多半是自己执迷不悟硬往南墙上撞的结果。你应当有坐看云起的胸怀，把一切得失全部放下，那么，你的心就会重获自由。

一个拥有自由心灵的人，眼中还会有绝路吗？世上的事，多半如此。

骆玉明《诗里特别有禅》解读这两句诗很好，意思比我说的还要深些，我也把它抄在下面："这大概是中国古诗中内涵最为丰富、意境最为美妙的佳联之一。它不仅是纪实，也是人生态度的象征。晋代人阮籍驾着车在外面走，走到路不通就恸哭而返，因为他由此联想到人世的艰难。但在王维这首诗里，走到路的尽头无路可走，并不是挫折也无所谓困顿，随遇而安，到处都有佳境。……'水穷'和'云起'好像是没有关系的事情，但世间种种不可思议的变化，却每每在看起来没有关系的地方发生，用单线式的思维不能够理解它。"

与这两句诗意思相通的还有《蓝田山石门精舍》：

　　落日山水好，漾舟信归风。
　　玩奇不觉远，因以缘源穷。
　　遥爱云木秀，初疑路不同。
　　安知清流转，偶与前山通。
　　舍舟理轻策，果然惬所适。
　　老僧四五人，逍遥荫松柏。
　　朝梵林未曙，夜禅山更寂。
　　道心及牧童，世事问樵客。
　　暝宿长林下，焚香卧瑶席。
　　涧芳袭人衣，山月映石壁。
　　再寻畏迷误，明发更登历。
　　笑谢桃源人，花红复来觌。

王维这首诗是把蓝田山石门精舍（佛寺）当成桃花源来写，恁是把一首

记游诗写成了他自己心中的精神家园。

诗的文字都是很精彩的，音节也很和谐。作者波澜不惊地叙述了游览的过程，描绘了曲径通幽的情景和清寂静谧的佛寺风光，创造出了一种清新宁静之美，含蓄地抒发了作者学佛出世的人生理想。

最精彩的是下面四句："遥爱云木秀，初疑路不同；安知清流转，偶与前山通。"这种山回路转、豁然开朗的景象，给人的印象极为深刻。然而，即便是这样清新的四句诗，却又远远不及陆游的那两句："山重水复疑无路，柳暗花明又一村。"

在陆游存留下来的一万余首诗歌里，这两句诗犹如一粒金子，散发着永恒的光辉。

一重重山，一道道水，循环往复，如入迷阵。

难道真的无路可行了吗？

心灰意冷间，忽见柳色深绿，花光红艳，一条弯弯曲曲的小径，慢慢地向前延伸，一个村庄居然展现在了眼前。

豁然开朗。

就像宝黛初会，宝玉心中的一句"咦，好像在哪里见过了？"此情此景，我们又何尝没有遇见过？只是少了诗人们的锦心绣口。

人生的情境，何尝不是如此？

但丁说："方吾生之半路，余处乎幽林，失正轨而迷误。"

约翰·班扬笔下的圣徒，苦苦寻求通往天国的道路，经过了灰心沼，遇到了世故老人，穿过了窄门，带着沉重的十字架，翻越了艰难山，抵御了美丽宫殿的诱惑，与魔鬼抗争，向死神宣战……最后沐浴了神圣的灵光。

魔鬼梅菲斯特也曾裹挟着怀疑、堕落和否定，向浮士德宣战。

我们需要山重水复，更需要柳暗花明；需要迷失，更需要超越。这原本就是我们不断面临着的生存状态呀！

如果世上只有一条唯一正确的路，那么，那个从一开始就踏上这条路的人一定是幸福的人吗？

如果世上存在这样一个人，他从未迷失过方向，从未经历过失败和痛苦，就顺顺当当地走完了人生的历程。你愿意成为这样的一个人吗？

我不愿意！

与其一贯正确和永远幸福，我宁愿选择最遥远的迷失和最深刻的痛苦。正如没有死亡，人生就没有价值一样。没有痛苦，快乐也就失去了意义。没有失败，成功也就不再值得期待。

如果我们把山重水复理解为失败、挫折、痛苦、挣扎、挑战、迷失，那么，柳暗花明就是成功、成长、超越、幸福、真理、永恒。只有那些把人生当作一部恢宏的史诗来书写的人们，只有那些在人生道路上经历过最艰辛最遥远的探索的人们，才能够真正了悟"山重水复疑无路，柳暗花明又一村"这句话最深微的含义。

人生，除了以错误来昭示真理，以存在来见证永恒以外，还有什么更其伟大的意义呢？

但是，我们却常常误解了"山重水复疑无路，柳暗花明又一村"这句诗，或者说把这句诗理解得太肤浅了。我们常常这样认为，一旦我们走过山重水复的艰难险阻，前方必定是一片充满光明与希望的崭新世界。也就是说，在经历艰难困苦之后，世俗意义上的成功就是注定的，必然的，而不是一个偶然。这就对人生歪曲得太厉害了。试问，失败乃至追求本身没有意义吗？

以长征为例，70多年前，当那支伟大而英勇的军队从江西瑞金出发开始

长征的时候,他们心中并没有对于速战速胜、一劳永逸、柳暗花明的急切期待,他们心中只有一样东西,即为崇高理想而不屈奋斗的坚定信念和顽强意志。如果没有这种精神的支撑,血战湘江时他们本可以亡,大渡河边他们本可以亡,雪山草地中他们本可以亡,但是,他们硬是一步一步走过来了,走出了一个新中国,走成了地球上一支永恒的红飘带。

长征的万万不可能成功,有力地反证了人类不屈的精神意志所能达到的高度!

山重水复,我们一路走来。

那么柳暗花明,就是完美的终结吗?

不。

就像浮士德历经艰辛到了天堂,只说了一句"你太美了,停留一下吧",就堕入了万劫不复的深渊。

成功本身即是毁灭。奋斗的历程才是意义所在。

在这个世界上,我们亲手建立的丰碑,终究有一天还会由我们亲手将它毁灭或者假借后人之手将它毁灭。那么,什么才是终极的意义?那个支撑着我们生命的东西又是什么?

山重水复本身并没有意义,柳暗花明本身也没有意义,唯有这连接着黑暗与光明、失败与成功、苦难与幸福的信念与信仰,在永恒地推动着人类前进的步伐。这,才是终极的意义。

渔歌入浦深

禅宗是喜欢大自然的,王维作为一个禅宗信徒,他是真诚地用全部身心去拥抱大自然的。

轻阴阁小雨,深院昼慵开。
坐看苍苔色,欲上人衣来。

——《书事》

这是一首看似不经意却浑然天成的小品,静和禅是它的最大特色。

院门也懒得开,也没有客来。一场小雨刚刚下过,院子里阴沉沉的。一切静极了,心也静极了。诗人独坐冥想,看见地上大片大片的青苔,绿得可爱,它们在生长,蓬蓬勃勃的,似乎过不了多久就要漫上诗人的衣裳上来了。

像这样的禅句,王维的诗里还有很多,比如"返景入深林,复照青苔上""深林人不知,明月来相照""月明惊山鸟,时鸣春涧中""雨中山果落,灯下草虫鸣"等等,都饱含着"不着一字,尽得风流"的禅思禅意,都表现着作

者内心虽然枯寂却又生命蓬勃的禅悦禅境。

下面这首《山中》最早见于苏轼《东坡题跋》卷五《书摩诘〈蓝田烟雨图〉》中,也许是伪作,但其写法和意境却与《书事》如出一辙。

荆溪白石出,天寒红叶稀。
山路元无雨,空翠湿人衣。

——《山中》

诗人行走在山路上,实际上并没有遇雨,但人行走在山中所感受到的那种丰沛洋溢、无处不在的空明与纯净,却把他的衣衫润湿了,把他的心润湿了。

诗人用触觉的干湿来感知视觉的空翠,这就是通感。李白也善用通感,你看他在《金陵酒肆留别》里说什么"风吹柳花满店香",真是奇怪。

柳花怎么是"香"的呢?但李白可不管这些,他觉得柳花飞得好看,他就说:"风吹柳花满店香。"那么,他是闻到了香的?

在我们的日常经验里,视觉、听觉、触觉、嗅觉、味觉往往可以彼此打通或交感,眼、耳、舌、鼻、身各个官能的领域可以不分界限。颜色似乎会有温度,声音似乎会有形象,冷暖似乎会有重量,气味似乎会有体质。

当时的情景是,李白要离开金陵。他的很多粉丝跑到一家酒肆来送别,吵嚷得很热闹。而酒家女招待也来不断地劝酒,李白很开心。

此时,他的身体、情感和意念都处于一种开放的状态,在尽情地呼吸。他的味觉被醇酒激活,他的视觉被柳花、吴姬迷住,他的听觉被金陵子弟的吵嚷和吴姬的软语逗引,他的触觉被拉拉扯扯搅乱,他的嗅觉也毫无抵抗地张开了呼吸。整个身心的舒坦里,你要使他的嗅觉处于休眠状态,那是没有道理的。

写出这嗅觉的苏醒，证明了李白是一个彻彻底底的感觉派，是一个写真实的诗人，他的伟大让人没有话说。从通感的观点看去，李白闻到了柳花香，那是确实的了。

在《山居即事》里，诗人直接将自己融入大自然之中而成为我们欣赏的对象了。

寂寞掩柴扉，苍茫对落晖。
鹤巢松树遍，人访荜门稀。
绿竹含新粉，红莲落故衣。
渡头灯火起，处处采菱归。

——《山居即事》

诗人掩门出来，将自己置身于苍茫落晖之中。于是，他也成了这夕阳下的景致了。于是他所看到的一切都披上了一层温暖而又朦胧的暮色。

松树上筑了很多鹤巢，却很少有人到这里来。竹子在不断地生长，红莲在迅速地凋谢。渡口上的灯火已经亮起来了，采菱的人们摇着船在缓缓归来。

王维诉说着这种生活，也是在欣赏这种生活，分享这种生活。此刻，他和我们一起感受和思考着一切文学作品当中那些最动人的主题——时间，空间，存在，感知，以及所有这一切背后隐藏的意义。

浸透着禅意的美而又使人感到异常悲凉的，是《秋夜独坐》，其诗如下：

独坐悲双鬓，空堂欲二更。

雨中山果落，灯下草虫鸣。

白发终难变，黄金不可成。

欲知除老病，唯有学无生。

这首诗写诗人秋夜独坐的感触，诗中感慨岁月无情，人生易老，指斥神仙之虚妄，顿悟佛家之精义，情思细微，境界苍凉。

"雨中山果落，灯下草虫鸣"二句更是有一唱三叹之致，千锤百炼之力。一个"落"字，一个"鸣"字，透露出天地自然界的生命气息来。

秋天了，山中果子都熟了。给雨一打，禁不住扑簌簌地往下掉。屋子里一灯如豆，伏在草里的虫子怕是也感受到了秋意吧，也在那里叫个不停。

这声音和景物都跑到人的感觉中来。他这时顿然感到生命的存在，而同时又感到凄凉。

生命表现在山果草虫身上，凄凉则是在静夜的雨声中。我们请问当时作这诗的人，他碰到那种境界，他心上感觉到些什么呢？

但他并没有把他感觉到的那个东西讲出来，"他只把这一外境放在前边给你看，好让读者自己去领略。若是接着在下面再发挥了一段哲学理论，或是人生观，或是什么杂感之类，那么这首诗就减了价值，诗味淡了，诗格也低了"。这是大学问家钱穆的观点，我不敢赞一言。

《酬张少府》是王维晚年酬答一个年轻人时所写下的话，也是我们了解王维晚年心态的重要作品。

晚年惟好静，万事不关心。

自顾无长策，空知返旧林。

松风吹解带,山月照弹琴。

君问穷通理,渔歌入浦深。

诗云:我已经老了,又喜欢清静,国家大事我就懒得关心了。我深知自己并无济世之才,所以我像陶渊明一样回归了田园。松风清爽,吹拂着我解开的衣带;山月朗朗,殷勤地照着我弹琴的身影。你看,我摆脱了羁绊之后,竟拥有了这样诗意的生存状态,真是令人陶醉啊。如此想来,我心中的那点隐痛和悲哀,又算得了什么呢?

凡是经历过苦难的人都应该知道,能够像我这样自得其乐是多么的不容易。现在你却来向我请教穷通的道理?大概你是想知道,在这世间,怎样才能飞黄腾达吧?可我哪里知道呢?

命运是不可理解的,你从那悠扬的渔歌声中,也许可以得到解答吧。

"沧浪之水清兮,可以濯吾缨;沧浪之水浊兮,可以濯吾足。"

八　含章之人其词大

chapter 08

在整个盛唐时代，似乎只有他最明白，最清醒，在洞穿生命的本来面目后还笑眯眯地活着。我们每个人都永远陷溺在无休无止、可怜可叹的生命的盲目运转中，而无法超拔，这有什么办法呢？人总得活，总有些新愁旧恨，藕断丝连，牵牵绊绊，让你在这世间总得走下去，而又不至于寂寞、无聊、毫无目的，但人却总希望超越这一切。但超越其实也说不上，作佛成仙就是超越吗？立德立功立言就是超越吗？洁身自好作穷途之哭就是超越吗？也是，也都不是。生命本身就是意义，就是目的，就是自在，何谈超越？

春天诗人

吴经熊曾把唐诗分为春夏秋冬四季，春季诗人包括王勃、陈子昂、王昌龄、王之涣、张若虚等初唐诗人和盛唐诗人孟浩然、李白、王维，夏季诗人包括杜甫、岑参、高适等人，秋季诗人包括白居易、韩愈、柳宗元、刘禹锡等，冬季诗人包括李商隐、杜牧、温庭筠等人。这个划分是别出心裁而又独有会心的。

吴经熊称王维是唐朝最伟大的自然诗人，"在他的笔下，唐诗的春达到了中边皆甜的境界。他的自然主义是最纯粹的，不像孟浩然的自然主义还受生活失意的沾染，更不同白居易的自然主义掺了多量理智主义的淡水。他是处于蠢蠢欲动的初春和飞扬跋扈的晚春的中间，他的声音是像春天最快乐的日子那么的温柔抚慰，真有所谓'猗猗季月，穆穆和春'的气象。清明的幻想和纯洁的灵魂使他很轻易地吸收大自然的美。""王维的灵魂是天蓝色的，他好像同一切自然之美结不解之缘。""在一个春季诗人看来，四时都是春天。"

我是完全同意吴经熊的鉴赏和评论的，谁叫他这么有才而又幽默呢？

的确，王维是个不折不扣的春天诗人。在他的诗里，我们看不到嘶叫，呻吟、絮叨，看不到苦涩、辛辣、犀利，看不到模糊、游移、躲闪，看不到怪异、艳俗、生硬。在他的诗里，声音是温柔的，色彩是明丽的，动静是和谐的，自然是静谧的，一切的一切，都使人感到熨帖、舒畅、自然，达到了中边皆甜的境界。从读者的角度来看，他的诗突出的美学风格是甜美，甜而不腻，美而不俗，淡而有味。

海子的《春天》这样写道：

你迎面走来

冰消雪融

你迎面走来

大地微微颤栗

大地微微颤栗

曾经饱经忧患

在这个节日里

你为什么更加惆怅

野花是一夜喜筵的酒杯

野花是一夜喜筵的新娘

野花是我包容新娘

的彩色屋顶

白雪抱你远去

全凭风声默默流逝

春天啊

春天是我的品质

我确信,春天,是王维的品质。

纯净诗人

《红楼梦》第四十八回黛玉教香菱学诗："我这里有《王摩诘全集》，你且把他的五言律读一百首，细心揣摩透熟了，然后再读一二百首老杜的七言律，次再李青莲的七言绝句读一二百首。肚子里先有了这三个人作了底子，然后再把陶渊明、应玚、谢、阮、庾、鲍等人的一看。你又是一个极聪敏伶俐的人，不用一年的功夫，不愁不是诗翁了！"

没过几天，香菱就来向黛玉报告读书心得："据我看来，诗的好处，有口里说不出来的意思，想去却是逼真的。有似乎无理的，想去竟是有理有情的。我看他《塞上》一首，那一联云：'大漠孤烟直，长河落日圆。'想来烟如何直？日自然是圆的。这'直'字似无理，'圆'字似太俗。合上书一想，倒像是见了这景的。若说再找两个字换这两个，竟再找不出两个字来。再还有'日落江湖白，潮来天地青'，这'白''青'两个字也似无理。想来，必得这两个字才形容得尽，念在嘴里倒像有几千斤重的一个橄榄。还有'渡头余落日，墟里上孤烟'，这'余'字和'上'字，难为他怎么想来！我们那年上京来，那日下晚便湾住船，岸上又没有人，只有几棵树，远远的几家人家做晚

饭,那个烟竟是碧青,连云直上。谁知我昨日晚上读了这两句,倒像我又到了那个地方去了。"

读了这段文字,我们对于王维诗歌的魔力可以增加一点感性认识。那么,王维诗歌为什么那么深入人心、受人喜爱呢?

我的理解是,王维是纯净诗人,他的心灵是纯净的,感情是纯净的,审美是纯净的,艺术手法是纯净的,归结起来,他的诗是纯净的。

我们可以给他加上许多定语,比如感性丰富的,感受敏锐的,感情细腻的,心灵自由的,没有功利心的,向往自然的,静观自省的等等,但是最恰切的一个定语应该是"纯粹而又丰富",这就是纯净的含义。

比如,王维常常以画家的眼光来静观景物,以画家的眼光来筛选山水田园风光中最美而又最具有普遍性的特征,经过提炼和净化,以最单纯的色彩、明净的构图和清晰的层次来组成画面,再现为一幅幅明朗优美、清新淡雅的图画。

> 屋上春鸠鸣,村边杏花白。
> 持斧伐远扬,荷锄觇泉脉。
> 归燕识故巢,旧人看新历。
> 临觞忽不御,惆怅远行客。
>
> ——《春中田园作》

这篇诗基于一年之计在于春的生活体验,敏锐地捕捉到了田家准备农桑之事的若干细节,从砍伐桑枝、查看泉脉一直写到"归燕"辨识"故巢"、"旧人"翻看"新历",既真切地描绘出杏花时节田园美好的春色,又表达了人们从旧年进入新春时常有的欣愉和感慨。在这里,田园之美虽经王维高度提纯,却又洋溢着生活原有的新鲜气息。

葛晓音说:"田园的自然美和理想美在王孟的诗中得到了纯度最高的表现。"这是一个深刻的洞见。我们在盛唐时代似乎找不出第二个人来,可以称之为纯净诗人。

自在诗人

　　李泽厚指出，在盛唐诗人中王维是最能全面融汇汉魏六朝诗歌长处的。一方面他学了陶渊明的冲淡闲逸，得其自在，这"自在"包括意境高远闲适，也包括意脉从容不迫和意象朴素自然。另一方面他又学了谢灵运、谢朓一流的精致工巧，在朴素淡雅的诗句中嵌入了尖新流丽，使诗歌不过分枯瘠质直，又不过分秾艳华丽。

　　我感到，王维是自然诗人，也是自在诗人。他不像李白那么激扬蹈厉、热烈得让人难以平静，也不像杜甫那么严密整饬，沉重得叫人不得轻松，他是自然的、平和的、温润的，既不矫揉做作，也不隔膜激烈。他的诗歌语言既不像李白那么奇矫诡谲舒放，也不像杜甫那么精致艰深收敛，而是明白如话，淡远有味，所用的都是寻常词汇，语序也是平直的，很少绕弯子引典故。他的诗歌意境是空灵、通透、神秘的，有万丈之深，但却清澈见底。他的表现手法则是写意而非写实的，无论风景或人物都仅抓住主要特征，而不作细节刻画，以景叙事、离形取神都是他常用的技巧。

　　在整个盛唐时代，似乎只有他最明白，最清醒，在洞穿生命的本来面目后还笑眯眯地活着。我们每个人都永远陷溺在无休无止、可怜可叹的生命的盲目运转中，而无法超拔，这有什么办法呢？人总得活，总有些新愁旧恨，藕断丝连，牵牵绊绊，让你在这世间总得走下去，而又不至于寂寞、无聊、毫无目的，但人却总希望超越这一切。但超越其实也说不上，作佛成仙就是超越吗？立德立功立言就是超越吗？洁身自好作穷途之哭就是超越吗？也是，也都不是。生命本身就是意义，就是目的，就是自在，何谈超越？

苏轼说："味摩诘之诗，诗中有画；观摩诘之画，画中有诗。"这就是自在了。敖陶孙说："王右丞如秋水芙蕖，倚风自笑。"这就是自在了。徐增说："诗到极则，不过是抒写自己胸襟，若晋之陶元亮，唐之王右丞，其人也。"这就是自在了。田雯说："摩诘恬洁精微，如天女散花，幽香万片，落人巾帻间。每于胸念尘杂时，取而读之，便觉神怡气静。"这就是自在了。

生在这滔滔浊世，而能得其自在，欣赏这自在，这是很高的境界和享受了。读者诸君以为呢？